La leyenda del Cid

Colección dirigida por

Francisco Antón

Agustín Sánchez Aguilar

La leyenda del Cid

Ilustraciones

Jesús Gabán

Actividades

Agustín Sánchez Aguilar

Vicens Vives

Primera edición, 2007
Reimpresiones, 2007, 2007, 2007
2008, 2009, 2010, 2011, 2011, 2012
Décima reimpresión, 2013

Depósito Legal: B. 37.214-2011
ISBN: 978-84-316-0958-0
Núm. de Orden V.V.: FX46

IMPRESO EN ESPAÑA. PRINTED IN SPAIN.

Índice

La leyenda del Cid

La ley del honor	11
Jimena	28
Dos milagros	37
Un buen vasallo	48
El Campeador	55
La muerte reina en Zamora	69
Vellido Dolfos	79
La jura de Santa Gadea	95
El oro del Cid	111
La primera victoria	125
La batalla de Alcocer	136
Días felices	155
Valencia está en juego	168
Los infantes tienen miedo	176
La afrenta de Corpes	190
La luz de la justicia	201
La victoria final	215
Epílogo	231
Apéndice cartográfico	235
Actividades	239

Presentación

Corría el siglo XI cuando el Cid se lanzó a los campos de batalla y dejó deslumbrados por igual a moros y cristianos. En poco tiempo, el caballero de Vivar se convirtió en uno de los hombres más admirados de su época. Su figura cobró en la imaginación de la gente el tamaño gigantesco reservado a los héroes, así que acabó por convertirse en carne de leyenda y entró por la puerta grande en el terreno de la literatura. Los juglares cantaron la dignidad y el coraje del Cid, y algunos cronistas llegaron a atribuirle victorias desmesuradas que no tenían nada que ver con la vida real. El fruto más logrado de esa cosecha literaria fue el *Cantar de mio Cid*, magnífico poema escrito hacia el año 1200 que se centraba en la edad madura del héroe: su amargo destierro, la toma de Valencia, la disputa con los infantes de Carrión…

Encandilados por la belleza del *Cantar*, a menudo olvidamos que la Edad Media nos legó muchas otras obras literarias sobre el Cid Campeador. En realidad, el *Cantar* aborda tan sólo una porción de la leyenda del héroe, que abarca muchos otros episodios, como el duelo que el Cid mantuvo de joven con el padre de su amada Jimena, la amistad que trabó con un leproso camino de Galicia y la asombrosa victoria que les arrancó a los moros cuando ya estaba muerto. Ninguno de esos hechos se narra en el *Cantar*, pero todos forman parte de la leyenda del Cid, que debió de divulgarse primero de forma oral, pasó luego al ámbito de la literatura escrita y fue recreada sin descanso durante siglos en crónicas, romances y dramas.

El presente libro nació de mi deseo de facilitarles a los jóvenes una visión lo más completa posible de la leyenda del Cid. El relato que les ofrezco compendia la vida imaginaria del héroe desde el alborozo de su nacimiento al infortunio de su muerte, así que recoge no sólo los episodios contenidos en el *Cantar* sino otros muchos sucesos entresacados de fuentes datables entre los siglos XII y XVII. Dada la variopinta procedencia del material utilizado, he puesto especial empeño en procurar que las diversas piezas encajasen en un todo coherente y armónico. Por otro lado, he optado por relatar la leyenda del Cid con las herramientas propias de un narrador de nuestro tiempo, así que he amplificado con cierto ropaje novelesco lo que las viejas fuentes cuentan del modo más escueto imaginable. En el relato que he escrito hay descripciones, diálogos y soliloquios creados de la nada porque me parecían necesarios para darle cierta profundidad a los personajes y para incrementar la densidad humana de la historia. Sin embargo, los episodios en sí mismos proceden casi sin excepción de fuentes clásicas, así que los lectores pueden tener la garantía de que la imagen final que obtendrán de la vida del Cid es casi idéntica a la que tuvieron las gentes de la época de Berceo o de los tiempos de Cervantes.

En cuanto al estilo del relato, es obvio que no podía contar las cosas al modo de los viejos cronistas medievales. La razón es muy clara: si hubiera narrado los hechos imitando el lenguaje de libros como la *Estoria de España* o la *Crónica particular del Cid*, no hay duda de que los lectores acabarían por echarse una buena siesta a mi costa. En general, he intentado imitar el tono solemne de la épica, pues es el más apropiado para una historia que relata el destino de un héroe. Creo que ese lenguaje genera una cierta distancia entre el autor y el lector que favorece la idealización del protagonista, objetivo casi irrenunciable entre quienes cultivan la épica, y que se manifiesta por igual en los viejos cantares medievales sobre la corte del rey Arturo que en las modernas novelas del oeste. A fin de cuentas, lo que persigue este libro es lo mismo que buscaban los viejos juglares de los tiempos del Cid: cautivar la atención de los lectores con la historia de un héroe cargado de virtudes que salta sin temor de proeza en proeza. Ojalá que el cuento les agrade y que les deje en el paladar el buen sabor de las grandes aventuras.

Agustín Sánchez Aguilar

La leyenda del Cid

La ley del honor

Dicen que cada vez que nace un héroe, la tierra tiembla de pura alegría y el cielo de la noche se ilumina con un sinfín de estrellas nuevas. Pero debe de ser una leyenda de esas que cuentan los malos juglares, porque cuando nació el Cid Campeador no hubo prodigios ni en la tierra ni en el cielo. El sol salió y se escondió como siempre, las aguas de los ríos bajaron con calma, y en el paisaje dorado de los campos no se vio más movimiento que el del trigo mecido por la brisa. A decir verdad, lo único que causó cierto asombro fue la entereza del recién nacido. Lloraba muy poco, y miraba las cosas con el gesto severo de un adulto acostumbrado a las penalidades de la vida. Cuando su padre lo abrazó por vez primera, sintió con fuerza el orgullo de su sangre. Sabía que aquel niño iba a dejar una huella profunda en el mundo, así que le anunció con voz solemne:

—Te llamarás Rodrigo, y serás sin duda un gran caballero.

Rodrigo Díaz nació en Vivar, una aldea luminosa pero humilde que quedaba muy cerca de Burgos. Era hijo del infanzón Diego Laínez,[1] que había servido durante muchos años al rey

1 Los *infanzones* eran nobles de categoría intermedia. Se hallaban por encima de los hidalgos pero tenían un rango inferior al de condes, marqueses y duques.

Fernando de Castilla[2] y había ganado fama de gran capitán a fuerza de arriesgar su vida en el combate. En los tiempos en que nació su hijo Rodrigo, don Diego era temido en todas partes por su arrojo sin límites, pero los sacrificios de la guerra acabaron por arruinarle la salud. Cuando llegó a la vejez, apenas podía con el peso de su alma, respiraba con dificultad y vacilaba cada vez que daba un paso. Con sus barbas blancas y sus hombros cargados, el viejo don Diego parecía una sombra de lo que había sido. Sin embargo, seguía conservando toda la inteligencia de sus años jóvenes, de modo que el rey Fernando lo llamó a la corte y le dijo:

—Quiero que seáis mi consejero. Os tengo por un hombre juicioso y prudente, y sé que siempre me diréis la verdad.

Fue una decisión sabia, pues don Diego ejerció a la perfección el difícil papel de consejero. Gracias a sus buenos servicios, se convirtió en un hombre indispensable en palacio. Pero, por eso mismo, le salieron algunos enemigos, ya que la corte es un avispero donde manda la envidia. El que peor lo miraba era el conde de Orgaz, un asturiano orgulloso y rico que rondaba los cincuenta años. El conde se tenía a sí mismo por el mejor caballero de Castilla, así que no podía entender que don Fernando le hubiese confiado a otro el cargo de consejero. Cierto día, al ver al rey charlando con don Diego, el conde sintió un arrebato de cólera que le quemaba por dentro como un tizón encendido, y entonces dijo con mucha rabia:

—Majestad, no entiendo cómo podéis confiar tanto en el pobre don Diego. ¿Acaso no veis que está más muerto que vivo?

---

2 Fernando I el Magno reinó en Castilla y León a partir del año 1035.

La ofensa era grave, pero don Diego prefirió no replicar, pues conocía el mal carácter del conde y su odiosa costumbre de hablar más de la cuenta. «Dos no discuten si uno no quiere», se dijo, de modo que guardó silencio, pensando que el conde acabaría por pedirle perdón. Pero sucedió todo lo contrario, porque el de Orgaz andaba tan fuera de sí que no había forma humana de hacerle entrar en razón. No sólo amenazó a don Diego varias veces, sino que lo acusó de haber engañado al rey con los enredos de su palabrería. Pero lo peor fue que de pronto, arrastrado por el torrente incontenible de su cólera, el conde dio un paso hacia delante, levantó la mano hasta la altura de su cara y le soltó a don Diego un bofetón terrible que sonó como un violento chasquido de látigo.

—Esto es lo que opino, Majestad —dijo el conde—, del hombre al que tanto favorecéis.

El silencio que siguió fue tan denso que habría podido oírse el vuelo de los ángeles. Desconcertado por lo sucedido, el rey no acertó a decir nada, aunque su enfado era más que evidente. ¿Acaso el conde había perdido la cabeza? ¿Cómo se le ocurría maltratar a don Diego? En aquel tiempo, nadie toleraba una ofensa semejante, pues bastaba mucho menos para que un hombre honrado sacase su espada y arreglara las cosas con un baño de sangre. Cabía esperar, por tanto, que don Diego retase al conde, pero no lo hizo, pues detestaba obrar a la ligera. Sabía, además, que reñir delante del rey era una descortesía imperdonable, así que se tragó el orgullo, se dio media vuelta y abandonó el palacio sin decir nada.

No olvidó, sin embargo, lo ocurrido. El bofetón había convertido a don Diego en un hombre sin honra, que era lo peor que podía sucederle a un noble. El honor era un bien precioso que había que mantener libre de toda mancha, porque de su limpieza dependía la dignidad de una persona. Don Diego, pues, se sentía destrozado, y se pasó tres días encerrado sin comer ni dormir. «Cuando se sepa en Burgos lo que ha ocurrido», pensaba, «todo el mundo me despreciará por haber dejado sin castigo al conde. El honor de mi familia está dañado, y ya nadie volverá a respetarnos ni a mí ni a mis hijos».

Para recuperar su honor, a don Diego no le quedaba más que un camino: la venganza. «La deshonra se lava con sangre», solía decirse en Castilla. Sin embargo, don Diego no deseaba enfrentarse con el conde. «Aunque lograra matarlo», se decía, «¿qué ganaré con la venganza?». Prefería olvidarse de todo, pero pronto comprendió que era imposible. «No tengo más remedio que retar al conde», se dijo. «Lucharemos acero contra acero para que Dios decida quién debe morir».

En la casa de don Diego no faltaban armas para la venganza. De las paredes colgaban docenas de espadas, herencia de unos antepasados que habían demostrado su coraje en cientos de combates. Todas parecían igual de temibles, pero don Diego sabía muy bien cuál era la que más le convenía. Arrinconada en el salón, dormía una vieja espada con fama de invencible. Tenía el filo gastado y los nervios enrojecidos por la herrumbre,[3] pero su alma de hierro seguía latiendo con el vigor de un arma recién forjada. Era una espada hermosa y terrible al mismo tiempo, grácil como una pluma y feroz como un puñal. Un antepasado de la familia, el valiente Mudarra, la había usado muchos años atrás para vengar la muerte de sus siete hermanastros. Aquella espada era, por tanto, un arma experta en asuntos de honor, así que parecía la más adecuada para afrontar un duelo. Pero, cuando don Diego intentó levantarla, notó que la espada se vencía hacia un lado como una rama azotada por el viento. Por más que le doliera, tenía que rendirse a la verdad:

«Soy demasiado viejo para la venganza», se lamentó don Diego muerto de tristeza. «Si apenas puedo sostener un bastón de caña, ¿de dónde voy a sacar fuerzas para empuñar una espada de hierro?».

¿Debía renunciar, pues, a la venganza? ¿O tenía que dejarla en manos de los suyos, como hacían quienes no eran capaces de vengarse por sí mismos? Don Diego tenía tres hijos, pero ¿servi-

---

3 *nervio*: pequeño surco que atraviesa la hoja de la espada; *herrumbre*: óxido.

rían para derrotar al conde? Los desafíos de honor requerían entereza y coraje, vigor y sangre fría, y los hijos de don Diego parecían demasiado jóvenes para haber reunido tantas virtudes. El conde era además un rival difícil, capaz de matar a un hombre al primer golpe de espada. ¿Y si, tratando de limpiar su honor, don Diego perdía a uno de los suyos? ¿No era mejor vivir deshonrado que causar la ruina de su familia? Pero ¿por qué tenía tan poca fe en sus hijos? ¿Acaso no descendían de un linaje de fieros capitanes? Si Dios les ayudaba, tal vez serían capaces de derrotar al conde sin apenas esfuerzo.

Don Diego decidió, pues, poner a prueba a sus hijos para averiguar si tenían esa cruda fiereza que exige la venganza. Llamó primero al menor, que se llamaba Hernando y acababa de cumplir los doce años. Hernando era menudo y de carácter apacible, y todavía miraba las cosas con la confiada inocencia de un niño, pero su padre se dispuso a tratarlo como si fuera un hombre hecho y derecho. En cuanto lo tuvo delante, le agarró la mano con fuerza y se la estrechó con tanta rabia como si quisiera partírsela en dos. El pobre Hernando quedó desconcertado. ¿Acaso su padre había enloquecido? ¿Por qué lo maltrataba sin venir a cuento? El dolor que sentía era tan grande que el muchacho empezó a sollozar.

—¡Basta, padre, que me matas! —dijo a gritos.

Cuando don Diego oyó aquello, su viejo rostro palideció de tristeza: estaba claro que el joven Hernando no servía para un duelo de honor. Si se estremecía con un simple apretón de manos, ¿cómo iba a plantarle cara al conde? Tal vez Bermudo, su hijo mediano, tendría un temperamento más apropiado para la venganza. Don Diego lo llamó al instante, y el muchacho acudió

a toda prisa, dispuesto a ayudar en lo que se ofreciese. Bermudo era más alto y robusto que Hernando y tenía la mirada de un hombre atrevido, como si ya anduviera muy lejos de las fáciles dulzuras de la infancia. Su padre, sin embargo, decidió ponerlo a prueba lo mismo que a su hermano.

Cuando Bermudo se presentó, don Diego puso los ojos en blanco como si fuera a desmayarse. Asustado, el muchacho corrió a sujetar a su padre para que no cayera, y entonces don Diego dejó de fingir: recobró de pronto el vigor de su mirada, tomó con fuerza las manos de su hijo y comenzó a apretárselas sin ningún miramiento. Bermudo sintió un dolor tan grande que gritó con espanto:

—¡Basta, padre, que me matas!

La prueba estaba hecha, y en el rostro de don Diego se dibujó otra vez la mueca triste de la decepción: tampoco Bermudo serviría para enfrentarse al conde de Orgaz, pues seguía siendo tan tierno como una doncella.

«Sólo me queda una esperanza», se dijo don Diego.

Pensaba en Rodrigo, su hijo mayor, que tenía entonces dieciséis años. Rodrigo era un muchacho cumplidor y juicioso que hablaba poco y nunca discutía. Tenía el aire imponente de los mozos que ignoran el miedo y los ojos vivaces de los hombres que siempre están en guardia. Desde muy niño soñaba con ser un buen caballero, y se había aplicado tanto en conseguirlo, que todo el mundo en Vivar le anunciaba un largo porvenir de victorias. Rodrigo manejaba la espada con enorme soltura, cabalgaba con la destreza de un viejo jinete y tenía el corazón noble propio de todos los grandes caballeros.

—¿Qué quieres, padre? —preguntó al llegar.

Don Diego no respondió una sola palabra, sino que tomó la mano derecha de su hijo y se la llevó a la boca para morderle el dedo corazón. Lo hizo con tanta saña[4] como si tuviera delante al mismísimo conde de Orgaz, pero Rodrigo no mostró el menor signo de dolor o de espanto, lo que dejaba claro que era más recio y sufrido que sus hermanos. Sin embargo, don Diego no se

dejó impresionar, pues siguió mordiendo cada vez con más decisión, igual que un lobo empeñado en destrozar a su presa. A pesar del dolor, Rodrigo permaneció sereno como si sus manos fueran de hierro macizo. Pero, cuando su dedo soltó la primera gota de sangre, en sus ojos llameó un fogonazo de rabia.

—¡Si no fueras mi padre —bramó entonces—, te haría pagar muy caro el odio que me muestras!

Al oír aquello, don Diego sonrió por vez primera en muchos días: acababa de encontrar en Rodrigo la furia que buscaba.

---

4 *saña*: furor, rabia.

—¡Que Dios te guíe, hijo mío —exclamó entonces—, porque el honor de la familia está en tus manos!

Con la voz entrecortada por la vergüenza, don Diego le explicó a su hijo lo que le había ocurrido con el conde, y Rodrigo se indignó tanto que quiso ejecutar la venganza al instante, así que tomó la espada de Mudarra, montó en su caballo y se alejó de Vivar a galope tendido. Parecía decidido a acabar con el conde, pero, cuando divisó los pálidos muros de Burgos, se dejó arrastrar por las dudas. «No puedo matarlo», se dijo con el corazón abrasado de dolor, «o perderé para siempre a Jimena».

Jimena era la hija del conde de Orgaz. Acababa de cumplir quince años, y pasaba por ser la muchacha más bella de Burgos. Su piel era blanca como un lirio, sus ojos grises brillaban con un suave resplandor de plata fina y su voz sonaba tan dulce como un susurro en mitad de la noche. Desde que era muy niño, Rodrigo había adorado a Jimena con toda su alma, pero la vieja ilusión de conquistar su amor se había transformado de repente en un sueño inalcanzable. Si quería salvar el honor de su familia, Rodrigo no tenía más remedio que enfrentarse al padre de Jimena. Pero, si lograba darle muerte, destrozaría el noble corazón de la muchacha a la que tanto amaba. Abrumado por las dudas, detuvo su caballo y pensó incluso en volverse a Vivar, pero al final se dijo: «Primero es la honra y luego el amor. No puedo traicionar a mi familia por un simple capricho de mis sentimientos». De modo que espoleó de nuevo al caballo y siguió su triste camino hacia Burgos.

Alcanzó la ciudad al mediodía, y le costó muy poco encontrar al conde, que asomó en la boca de un callejón vestido con unas prendas lujosas de hombre rico. Caminaba a solas, con la barbilla en alto, igual que un príncipe orgulloso de sí mismo. Tenía la distinción que uno espera de un noble, pero su mirada atravesada era más propia de un bandolero que de un hombre de honor. Entre las gentes de Burgos, el conde despertaba muchos temores, pero Rodrigo no se dejó impresionar, sino que se cruzó en su camino para cerrarle el paso.

—Vengo a limpiar el honor de mi padre —le advirtió al conde con tono severo—. Empuñad la espada ahora mismo porque vamos a luchar.

El conde lanzó una carcajada.

—¡Yo no lucho con niños! —exclamó—. ¡Pero si aún llevas la leche de tu madre en los labios…!

Cuando Rodrigo oyó aquello, su mirada se enturbió como un arroyo en el que cae de repente un chorro de sangre. Decidido a matar o morir, el muchacho sacó la espada y se puso en guardia. El conde pareció confundido, como si le costara creer que alguien tan joven pudiera atreverse a tanto. Luchar contra un adolescente le parecía poco honroso, pero la vanidad lo cegó de tal manera que no dudó en empuñar la espada. Aquel chiquillo necesitaba una lección de humildad, y el conde estaba decidido a dársela, así que ni siquiera esperó a que Rodrigo atacase, sino que lanzó la primera cuchillada del duelo con la furia de un toro que embiste.

—Encomiéndate a Dios, muchacho —dijo con arrogancia—, porque no voy a tener piedad contigo.

El duelo fue feroz. Al principio, Rodrigo se limitó a defenderse, pues el conde manejaba la espada con la alarmante rapidez de un guerrero acostumbrado a matar. Más que un duelo, aquel combate parecía la exhibición de un maestro de esgrima ante un alumno poco curtido. De pronto, el conde lanzó una estocada furiosa que avanzó directa hacia el corazón de Rodrigo, pero la mano de Dios debió de desviarla, pues la espada apenas rozó el hombro del muchacho. Viendo su suerte, Rodrigo recobró la confianza, y desde aquel momento comenzó a pelear de igual a igual con su enemigo. Su espada ganó en soltura, y sus golpes cobraron un vigor tan sanguinario que el conde llegó a sentirse acorralado. Rodrigo no era tan niño como parecía, y tenía el ímpetu incansable de los hombres que nunca se rinden.

—Eres valiente, muchacho —admitió el de Orgaz entre dos jadeos—. Pero el coraje no te bastará para escapar con vida.

Deseoso de acabar cuanto antes, el conde descargó un golpe terrible que escondía una furia criminal, pero sus propias ansias lo traicionaron, porque cometió un error definitivo que le costó la vida. Sin darse cuenta, dejó al descubierto la zona de su vientre, y Rodrigo aprovechó la ocasión para llevarse consigo la victoria. No sólo extendió el brazo en el momento preciso, sino que puso en su estocada una fuerza devastadora capaz de partir el mundo en dos. Más veloz y certera que nunca, la espada de Mudarra se coló como un dardo en el vientre del conde, quien se enroscó sobre sí mismo al sentir el silbido del hierro en las entrañas. Más que dolorido, el de Orgaz parecía asombrado, como si no pudiera creerse que su vida hubiera llegado tan rápido a su fin.

—Que Dios te perdone —fue lo último que dijo.

Entonces Rodrigo tiró de su espada, y el hierro salió bañado en sangre. Con el rostro pálido de un alma en pena, el conde lanzó un largo gemido, y su cuerpo cayó de repente como un árbol partido por un rayo.

—El honor de mi familia vuelve a brillar —sentenció Rodrigo.

Y, sin perder un solo instante, montó en su caballo y tomó el camino de regreso a Vivar. Pensaba que nadie había visto el duelo, pero una muchedumbre se reunió enseguida alrededor del cadáver y por todo Burgos comenzó a oírse:

—¡Rodrigo el de Vivar ha matado al conde!

La noticia parecía increíble. Sobre todo, costaba aceptar que un hombre tan poderoso como el conde hubiera muerto en una esquina lo mismo que un villano. La verdad, sin embargo, hablaba por sí misma: el cadáver estaba a la vista de todos, tendido sobre un denso charco de sangre. Los niños se escaparon de casa para verlo, y los perros corearon la tragedia con unos largos aullidos que parecían llantos de mujer. Así que, a eso de las dos, sólo había una persona en todo Burgos que no estaba al tanto de lo ocurrido: era Jimena, la propia hija del conde.

Sucedía que el de Orgaz tenía su mansión en lo alto de un cerro, y las noticias tardaban mucho en llegar tan arriba. Jimena notó que su padre se retrasaba, pero pensó que algún asunto de importancia lo retenía en la corte. A las cuatro, oyó por fin el ladrido de los mastines que guardaban la casa y salió a recibir a su padre como todos los días. Jimena sonreía con la felicidad del reencuentro, pero su alegría se quebró en mil pedazos cuando vio a los cuatro caballeros que traían a cuestas el cuerpo del conde. Aterrada, lanzó un grito desgarrador que resonó con fuerza en todo Burgos. Luego, echó a correr hacia su padre y le tomó las manos. Tenía la esperanza de encontrar en ellas una pizca de calor, pero las notó frías como un témpano de hielo.

—Padre, ¿qué te han hecho? —dijo acariciando las mejillas del conde—. ¿Quién te ha matado, padre, y por qué?

Para entonces, Rodrigo ya había regresado a Vivar. Don Diego salió a la puerta de la casa a recibirlo, y sus viejos ojos se deshicieron en lágrimas. Orgulloso y feliz, corrió hacia su hijo y lo estrechó con todas las fuerzas de sus brazos cansados.

—Rodrigo de mi alma —le dijo—, has cumplido con tu deber como un buen caballero, pero ahora debes alejarte de Vivar porque tu vida corre peligro. Los amigos del conde te buscarán para vengarse, y es probable que convenzan al rey para que haga rodar tu cabeza, así que debes hacer lo posible por ganarte el perdón de don Fernando. Reuniré un ejército de quinientos soldados y los pondré a tus órdenes: dirígelos contra los moros que amenazan el sur de Castilla y hazles retroceder de una vez para siempre. Estoy seguro de que, si lo consigues, te ganarás el corazón de nuestro rey.

Rodrigo salió de Vivar al atardecer, bajo unas nubes rojas como la sangre. Aunque había logrado vencer a uno de los hombres más poderosos de Burgos, no se sentía orgulloso en absoluto, pues notaba en el alma el peso insoportable de la culpa. Al caer la noche, se resguardó bajo unas encinas y trató de dormir, pero no lo logró, porque no hacía más que pensar en la pobre Jimena. Se la imaginaba con los ojos bañados en lágrimas, y su estampa de niña dolorida le destrozaba el corazón.

«Jimena nunca me perdonará», se decía. «Pero tengo que hacerle comprender que comparto su pena, y que tan sólo he matado a su padre porque me lo exigía la ley del honor».

Deseoso de explicar sus razones, Rodrigo decidió volver a Burgos: acudiría en busca de Jimena, le pediría perdón de rodillas y pondría la espada de Mudarra en sus manos para que ella le diese muerte si así lo quería. Al montar en su caballo, sin embargo, descubrió una enorme polvareda bajo la franja rosada que anunciaba el nuevo día, y entonces comprendió cuál era su auténtico deber. Las figuras que manchaban el horizonte eran sin duda los quinientos soldados de don Diego, con los que Rodrigo debía enfrentarse a los moros del sur. Parecían ansiosos de entrar en combate, y venían cabalgando con tanto ímpetu que los cascos de sus caballos hacían retumbar la tierra.

«No hay marcha atrás», se dijo Rodrigo, comprendiendo que Jimena había empezado a alejarse de su vida para siempre, como un viejo fantasma del pasado. «Ha llegado el momento de partir hacia la guerra».

Entonces no sabía que, en poco tiempo, iba a ser el mejor caballero de Castilla y que algún día lo llamarían el Cid Campeador por el respeto que habría de inspirar tanto en los moros como en los cristianos. Tenía por delante un destino heroico con el que cualquiera se habría sentido satisfecho, pero el recuerdo de Jimena le resultaba tan doloroso que cabalgaba con un gesto triste, como si hubiera tomado sin querer el oscuro camino que lleva a la muerte.

Jimena

Jimena llegó al palacio real cuando el sol de la mañana comenzaba a brillar en los cielos de Burgos. Iba vestida de luto de pies a cabeza y caminaba con la furia indomable de un vendaval que todo lo arrasa. Cuando entró en el salón del trono, estaba tan transfigurada por el dolor que el rey tuvo que mirarla dos veces para reconocerla. Recordaba a Jimena como una bella niña predestinada a la felicidad, pero en la joven que tenía delante descubrió el espanto de quien acaba de ver cara a cara a la muerte. Loca de rabia, Jimena se echó a los pies del rey y dijo a gritos:

—¡Justicia, Majestad, pido justicia! ¡Rodrigo Díaz ha matado a mi padre como se mata a un perro rabioso!

El rey no estaba a solas en el salón. De pie junto al trono se hallaba don Diego, que había llegado muy temprano a palacio para rendir cuentas sobre la muerte del conde de Orgaz. Al oír las quejas de Jimena, don Diego se giró hacia su rey y dijo con voz segura:

—¡Mi hijo es inocente, Majestad! Su venganza ha sido justa y la ley del honor debe ampararle…

—¡Ninguna ley ampara a un asesino! —protestó Jimena—. ¡Rodrigo es un criminal y ha de pagar su culpa con sangre! ¡Ajusticiad a ese muchacho, Majestad, o por toda Castilla se oirá decir que obráis como un tirano, pues dais alas al hombre que asesina y hacéis llorar a una mujer inocente!

Don Fernando no supo qué decir. Se sentía en una encrucijada difícil, y la soledad del poder le resultaba más pesada que nunca. Sabía que don Diego había obrado con justicia al buscar la venganza, pues los nobles tenían el deber de mantener limpia su honra, pero el apasionado dolor de Jimena le hería en lo más hondo de las entrañas. Aquella muchacha se había quedado a solas con la carga insoportable de una pena infinita, y don Fernando no podía decirle que se volviese a su casa sin más. Su obligación era consolarla, de modo que le estrechó las manos con ternura y le dijo con dulce voz de padre:

—Escúchame, Jimena. Mis soldados están buscando a Rodrigo y lo traerán muy pronto a mi presencia. Voy a escuchar las razones de ese muchacho, pero te aseguro que, si no me convencen, le haré pagar muy cara la muerte de tu padre.

Confiada en aquella promesa, Jimena se puso en pie y salió de palacio. El dolor se había agarrado de tal modo a su cuerpo que a cada paso que daba derramaba una lágrima, así que su camino de vuelta quedó señalado en la tierra por un húmedo sendero de tristeza. Cuando llegó a su casa, Jimena se encerró en su cuarto con la intención de no salir nunca más, pues no encontraba ninguna razón para seguir viviendo.

—¡Pobre niña! —se lamentaron sus criadas.

En los días que siguieron, no hizo otra cosa más que llorar. Ni siquiera lograba dormir, pues todas las noches la asaltaba una misma pesadilla. Al principio del sueño, Jimena se dedicaba a cuidar con mucho esmero del palomar de su padre. El día era

claro, y el sol brillaba con tanta fuerza que era imposible no sentirse alegre, pero de pronto llegaba Rodrigo y la tristeza se adueñaba de todo. Aparecía a lo lejos, como una sombra, montado en un caballo negro como la muerte. Venía riendo a carcajadas, y traía un halcón de ojos dorados apoyado sobre el puño. Sin decir una sola palabra, Rodrigo bajaba del caballo, abría las puertas de alambre del palomar y soltaba dentro al halcón para que provocase el mayor daño posible. Las palomas, muertas de miedo, aleteaban tratando de huir, pero todo era inútil, pues el halcón las derribaba una por una y luego echaba a volar cielo arriba. Rota de dolor, Jimena no podía hacer otra cosa más que recoger los restos todavía calientes de las palomas y echárselos al regazo hasta que su falda acababa empapada en sangre. Sus ojos se llenaban entonces de lágrimas, y su dolor era tan insufrible que despertaba sin aliento y gritaba en mitad de la noche:

—¡Dios te maldiga, Rodrigo! ¡Nunca en la vida te perdonaré!

Rodrigo, por supuesto, no podía oírla, pues se hallaba muy lejos, batallando contra los moros en la frontera sur de Castilla. Aunque jamás había combatido, tenía un instinto infalible para las cosas de la guerra, así que dirigía a sus soldados con la destreza de un capitán curtido en mil batallas. En poco tiempo, ganó fama de hombre invencible, y algunos moros le tomaron tanto miedo que echaban a correr en cuanto divisaban su tropa. Estaban convencidos de que Rodrigo era un demonio, y algunos decían que lo habían visto luchar con una espada de fuego.

Rodrigo logró su mayor hazaña a los tres meses de salir de Vivar, cuando venció con sus quinientos caballeros a un ejército de seis mil soldados moros. Sus hombres lucharon con tanto afán que el campo de batalla quedó sembrado de lanzas rotas y de banderas manchadas de sangre. Los cinco reyes que capitaneaban a los moros se refugiaron en un castillo, pero Rodrigo logró tomarlos prisioneros.

—¡No puede ser! —dijeron los vencidos al ver al capitán de la tropa enemiga—. ¡Pero si no es más que un muchacho!

Convencidos de que Rodrigo los degollaría sin piedad, los cinco reyes se echaron a sus pies y pidieron clemencia.

—¡No nos matéis —decían—, y os obedeceremos en todo lo que nos pidáis!

Rodrigo miró a los cinco reyes sin decir nada, pensando en lo mucho que cambian las personas cuando les aprieta el miedo. Pocas horas atrás, aquellos hombres habían dirigido a sus soldados con la arrogancia de quien se siente dueño del mundo, pero ahora se mostraban tan mansos y pacíficos como la oveja a la vista del lobo. Rodrigo sabía que aquellos cinco reyes estaban en sus manos, y que podía hacer con sus vidas lo que le viniera en gana, pero pensó que su deber de buen caballero era mostrarse generoso con el vencido, así que sorprendió a sus prisioneros con una propuesta inesperada.

—Si queréis la libertad —les dijo—, os la daré con una sola condición: que viajéis a Burgos, os presentéis ante el rey Fernando y le juréis lealtad.

En los ojos de los cinco reyes estalló de pronto una luz de esperanza. Era la primera vez que un capitán cristiano los trataba con tanta benevolencia. Locos de alegría, levantaron la cabeza y dijeron con una sola voz:

—¡Desde luego que iremos a Burgos! ¡Mil gracias, *mio cid,* y que Alá os bendiga, pues sois el hombre más generoso que se haya visto jamás en el mundo!

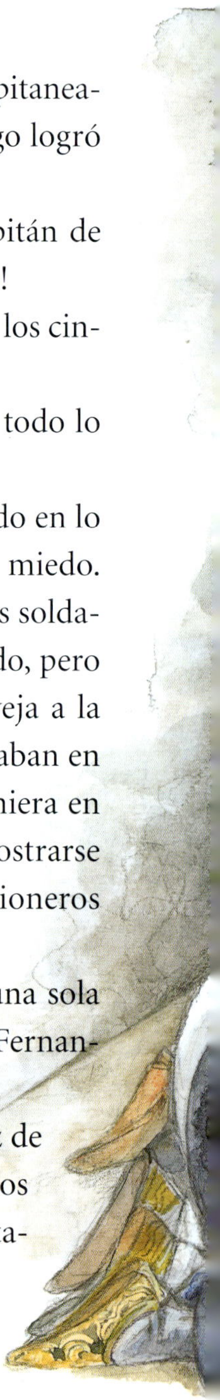

Los cinco reyes partieron hacia Burgos aquella misma tarde. Se pasaron diez días orillando ríos, subiendo colinas, atravesando frondosos pinares y durmiendo a cielo abierto bajo una luna blanca como la nieve. Al fin, una tarde de agosto, cuando el sol lamía los campos con su lengua de fuego, los cinco forasteros se adentraron con pie decidido en las estrechas calles de Burgos. Nada más llegar, se dirigieron al palacio del rey para pedir audiencia. Don Fernando los recibió con cierta inquietud, temeroso de que aquellos recién llegados viniesen en son de guerra, pero enseguida comprendió que no había razones para alarmarse, pues los cinco reyes se arrodillaron ante sus pies y besaron el suelo en señal de obediencia. Uno de ellos, que llevaba un turbante dorado y la barba recogida en una larga trenza, anunció en nombre de todos:

—Venimos desde los pueblos de la frontera para juraros vasallaje, tal y como le prometimos al Cid.

—¿El Cid? —exclamó don Fernando—. ¿Y quién es el Cid?

—Ruy Díaz,[1] el guerrero de Vivar. Nosotros lo llamamos *mio cid*, que en nuestra lengua quiere decir 'mi señor', porque Rodrigo es el caballero más compasivo del mundo. Venció a nuestros seis mil soldados en un solo día, pero nos devolvió la libertad con una única condición: que nos hiciéramos vasallos vuestros y nos comprometiésemos a pagaros parias.[2]

---

1 *Ruy* era una forma abreviada de *Rodrigo*. En la Edad Media, el nombre de pila se acortaba cuando iba seguido del apellido. Así, se decía *Álvar Fáñez* en vez de *Álvaro Fáñez* y *Fernán González* en vez de *Fernando González*.

2 En época del Cid, la España musulmana había quedado dividida en una veintena de reinos independientes: las *taifas*. Algunos eran muy vulnerables, así que sus reyes pagaban a los cristianos un costoso impuesto, las *parias*, a cambio de que no los atacasen, sino que les brindasen protección militar.

El corazón de don Fernando se desbordó de asombro. ¡De modo que el joven Rodrigo había capturado a cinco reyes en una sola jornada! Nadie en Castilla había logrado nunca una hazaña semejante. ¡Y eso que Rodrigo no era más que un muchacho al que apenas empezaba a asomarle la barba! ¡Sólo Dios sabía de lo que sería capaz cuando cumpliera algunos años más! El rey estaba tan impresionado que decidió recompensar al Cid lo antes posible, de modo que llamó a su escribano y le dictó un bando[3] que decía: «Rodrigo el de Vivar ha obtenido el perdón de su rey y puede regresar cuando quiera a su tierra».

A la mañana siguiente, el bando quedó fijado a la fachada del palacio, y a eso del mediodía todo el mundo estaba al corriente de la decisión del rey. Don Diego la celebró con gran alegría en su casa de Vivar, pero Jimena sufrió un ataque de indignación al conocer la noticia, y se creyó a punto de morir de rabia. Sin perder un instante, se encaminó hacia el palacio real para pedirle explicaciones a don Fernando. El rey la recibió de inmediato, y Jimena le dirigió una mirada de desafío al tiempo que decía a voces:

—Todavía está fresca la sangre de mi padre, ¿y ya queréis perdonar al hijo de don Diego? ¡Oh, Majestad, si es así como hacéis justicia, bien os digo que no merecéis llevar una corona ni gozar de los lujos de un palacio ni dormir entre sábanas de seda, sino sufrir el desprecio de todo el mundo y acabar abandonado de la mano de Dios!

No dijo nada más, sino que se arropó con el manto de luto que llevaba sobre los hombros y salió del palacio sin esperar ninguna respuesta. Don Fernando se sintió tan abatido que no

3 *bando*: escrito en que se expone una decisión adoptada por un gobernante.

supo qué pensar. Perdonar a Rodrigo le parecía un acto necesario de justicia, pero por nada del mundo quería lastimar de nuevo el maltrecho corazón de Jimena. «¿Qué debo hacer?», se dijo con angustia. Se sentía encerrado en un confuso laberinto de dudas, y en aquel momento habría dado todo el oro del mundo por dejar de ser rey. Al final, sin embargo, logró decidirse. «Un hombre poderoso debe ponerse siempre del lado del más débil», pensó, y entonces salió con paso firme a las puertas de palacio y rompió en mil pedazos el bando del perdón.

—Has vencido, Jimena —se dijo.

Y sus labios temblaron de tristeza.

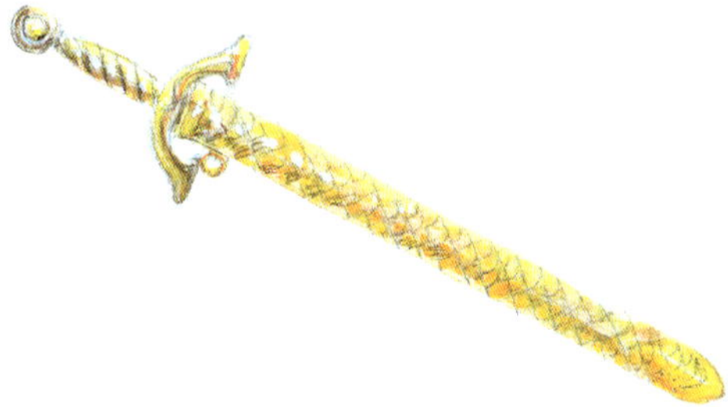

Dos milagros

Rodrigo no llegó a saber nunca que, durante unas horas, había contado con el perdón del rey. Por aquellos días, viajaba en peregrinación hacia Galicia para rezar ante la tumba del apóstol Santiago en la basílica de Compostela. En realidad, Santiago había muerto bajo la luz abrasadora del sol de Jerusalén, pero Dios quiso que sus restos descansaran para siempre en Galicia, donde el apóstol había sido feliz predicando con fervor la fe de Cristo. El cadáver llegó a Finisterre por obra y gracia de un milagro divino, a bordo de una barca prodigiosa que parecía cabalgar sobre las olas, pues logró la proeza de cruzar todo el Mediterráneo en un solo día. Ya en Galicia, unos ángeles recogieron el cuerpo de Santiago, se lo llevaron por los aires y lo enterraron en un prado salpicado de amapolas. Durante ocho siglos, nadie supo que el apóstol estaba enterrado allí, pero una noche de brisas suaves la tumba comenzó a soltar hacia el cielo un intenso chorro de luz, y ya no hubo dudas de que las entrañas del prado escondían el cuerpo de un hombre santo. Cuando las gentes del lugar escarbaron en el suelo, descubrieron a pocos palmos de la superficie una vieja tumba de piedra en la que el dedo de Dios había cincelado el nombre de Santiago.

Enseguida se construyó en torno a la tumba una iglesia para honrar al apóstol. Con el tiempo, el templo primitivo se convirtió en la hermosa basílica de Compostela, a la que todos los años acudían miles de peregrinos para pedirle a Santiago esperanza y salud. También el Cid quiso hacerlo, de modo que, una mañana de julio, partió hacia Galicia en compañía de sus veinte mejores caballeros. Desde el principio, notó que el viaje aliviaba las tristezas de su alma y que le devolvía las ganas de vivir. Incluso su caballo, el fiel Babieca, cabalgaba con extraña alegría. Hacía un tiempo espléndido, y era un gozo notar la brisa en la cara por los caminos tantas veces transitados. Cierta mañana, sin embargo, algo enturbió la paz del camino. El Cid y sus hombres orillaban un encinar cuando de pronto salió de entre los árboles un grito lastimero que decía:

—¡Ayudadme, por piedad!

Rodrigo no se lo pensó dos veces: saltó de su caballo y se adentró en el encinar a todo correr. Remontando los gritos, llegó hasta un claro donde había un tremedal.[1] Era una enorme balsa de lodo espeso, cuya superficie burbujeaba como si tuviera vida propia, y en el centro del tremedal, como un pájaro atrapado en una red, estaba el hombre que pedía socorro. Era un anciano menudo y de ancha frente, con la cara sembrada de arrugas, y no tenía fuerzas para salir del barro por sí mismo, así que Rodrigo saltó al tremedal, se abrió paso chapoteando sobre el lodo y llegó al punto donde estaba aquel pobre hombre. Pero, justo cuando le tendía la mano, uno de sus caballeros le gritó desde la orilla:

1 *tremedal*: hondonada llena de barro.

—¡No toquéis a ese hombre, don Rodrigo! ¡Es un leproso y podría contagiaros!

El Cid se fijó entonces en las manos del viejo y vio que estaban llagadas por la lepra, que era la enfermedad más temida de aquel tiempo. Los leprosos sentían a todas horas un calor infernal que los quemaba por dentro y llegaban a perder los dedos porque se les pudría la carne. Las leyes les obligaban a vivir lejos de las poblaciones para que no pudieran contagiar a nadie, y había quien rumoreaba que los leprosos propagaban sus males a propósito porque eran aliados del Diablo. Rodrigo, sin embargo, tenía un carácter tan caritativo como valiente, así que volvió a tender su mano hacia el anciano y lo sacó de la trampa del lodo. Al verse a salvo, el buen hombre se echó a llorar y le preguntó al Cid cómo podía pagarle por su ayuda.

—No tenéis nada que pagarme —respondió Rodrigo con una dulce sonrisa—. Al contrario: soy yo quien os está agradecido, pues me habéis dado la ocasión de hacer una obra de caridad en el camino de Santiago.

No lo dijo por decir, pues se sentía orgulloso de veras de haber obrado bien. De hecho, se pasó el resto del día cuidando del anciano en cuerpo y alma igual que se cuida a un padre. Lo limpió de lodo, lo arropó con su manto para que no pasara frío, le arregló las barbas, le dio de comer de su propio plato y, cuando empezó a oscurecer, se tumbó a su lado para guardarle el sueño.

La noche fue plácida, y en el bosque tan sólo se oía el murmullo de plata de un arroyo cercano. Los hombres del Cid dormían a mucha distancia de su señor, pues no querían tener cerca al leproso, y Rodrigo permanecía hundido en un sueño profundo que lo aliviaba de las fatigas del día.

Algo, sin embargo, lo despertó de pronto. Corría la medianoche cuando notó que una fuerza poderosísima le sacudía el pecho. Rodrigo despertó agitado, temblando de pies a cabeza, trastornado por la incertidumbre de no saber qué le estaba sucediendo. Lo primero que hizo fue palpar en la oscuridad para asegurarse de que el leproso seguía a su lado, pero no lo encontró. ¿Se habría marchado por sí mismo? ¿Habría caído en un nuevo tremedal? Rodrigo se puso en pie para ir en busca del anciano, pero justo entonces notó que a sus espaldas comenzaba a brillar un gran resplandor y oyó una voz que decía:

—No tengas miedo, Rodrigo.

Cuando se dio la vuelta, se encontró frente a frente con un hombre que le resultaba a la vez conocido y extraño. Se trataba sin duda del leproso al que había rescatado del barro, pero ya no tenía la apariencia de un anciano maltratado por el tiempo, sino la de un hombre joven que rebosaba salud por los cuatro costados. Su cuerpo estaba limpio de llagas, su piel brillaba como la plata pura y sus viejos remiendos de mendigo se habían transformado de repente en una blanca túnica iluminada por un intenso haz de luz que caía en cascada desde el centro del cielo. Pero lo más asombroso era que los pies de aquel hombre no tocaban el suelo, sino que flotaban a cinco palmos de tierra como si la mano de Dios los sujetara en el aire. Pálido de asombro, Rodrigo preguntó:

—¿Quién sois y qué queréis?

El hombre sonrió con dulzura y respondió con el tono cristalino de un enviado de Dios:

—Soy san Lázaro, protector de los leprosos. Ayer te salí al encuentro con la apariencia de un viejo enfermo, pero tú me trataste como si hubiera sido un príncipe colmado de riquezas. Te debía, pues, una recompensa, así que he soplado sobre tu cuerpo mientras dormías para infundirte la gracia de Dios. ¿Verdad que has notado en tu pecho la fuerza de un vendaval?

Rodrigo asintió con la cabeza, y entonces el espíritu añadió:

—Escúchame, Rodrigo, si algún día vuelves a sentir ese ímpetu en tu alma, lleva adelante lo que te hayas propuesto, porque querrá decir que Dios está contigo. No quiero engañarte: tu vida no va a ser fácil, pero debes conservar la esperanza a toda costa, pues estás destinado a gozar de grandes honores y vencerás incluso después de muerto.

Rodrigo quedó tan intrigado por aquel anuncio insólito que quiso hacer mil preguntas, pero todas se quedaron en el aire, pues la imagen de san Lázaro se desvaneció de repente en la noche como una nube barrida por el viento. El único rastro que quedó de su presencia fue un aroma dulcísimo que dejaba en el corazón un poso de ternura.

—Es el aliento de Dios —se dijo Rodrigo.

También Jimena debió de notarlo en su casa de Burgos, pues despertó en aquel mismo instante con la impresión de que acababa de ocurrir un milagro en su alma. No lograba explicarse por qué, pero la tristeza que arrastraba desde hacía meses había cesado de pronto como el fuego debajo de la lluvia. Jimena abandonó su lecho a paso lento y miró hacia la noche a través de la ventana. La luna brillaba con fuerza tras las copas tirantes de los álamos, y las aguas del río chispeaban con guiños de estrella. De repente, la imagen del joven Rodrigo se impuso con fuerza en su memoria, y por primera vez en mucho tiempo pensó en aquel muchacho sin rencor.

«¡Pobre Rodrigo!», se dijo a sí misma.

Se había acostumbrado a odiarlo con todas sus fuerzas, pero de pronto tuvo que afrontar la realidad: ¿cómo iba a aborrecer a Rodrigo si se había pasado la vida amándolo en secreto? Lo había conocido siendo niña, y desde el primer instante lo había admirado por cientos de razones. A decir verdad, todo lo que era suyo le gustaba: la seriedad de su carácter, el timbre de su voz, el vigor de sus manos y el buen juicio que asomaba en su mirada. Desde que tenía ocho o diez años, Jimena había sabido que Rodrigo era el único hombre al que podía querer, y todas las noches sin una sola excepción había soñado que se convertía en su esposa. La muerte del conde, sin embargo, había dado al traste con sus ilusiones, y había convertido el amor en una cosa del pasado. Pero aquella noche de julio, mientras la luna desfilaba entre los álamos, el odio se diluyó de golpe y el amor volvió a ocupar su lugar de costumbre.

Jimena sabía, por supuesto, que querer a Rodrigo era una locura. «¿Cómo puedo amar al hombre que mató a mi padre?», se decía a sí misma. El corazón, sin embargo, es un tirano que sigue sus propias leyes y no obedece a nadie. Jimena puso todo su empeño en la tarea de olvidarse de Rodrigo, pero fue inútil, porque cuanto más trataba de borrarlo de su alma, más lo quería. Para guardar las apariencias, siguió maldiciendo a Rodrigo delante de sus criadas y acudiendo al palacio real para exigirle a don Fernando que hiciera justicia. Nadie podía imaginarse que la lengua de Jimena decía una cosa mientras su corazón sentía todo lo contrario.

Para don Fernando, las quejas de aquella muchacha eran un tormento insufrible. El rey seguía encerrado en el círculo eterno de sus dudas, pues deseaba contentar a Jimena pero no quería castigar a Rodrigo. Había, desde luego, una manera de cumplir al mismo tiempo sus dos deseos, pero la había desechado muchas veces por miedo a ganarse el odio definitivo de Jimena. Llegó un día, sin embargo, en que la paciencia del rey no dio más de sí. Jimena había llegado a palacio con su cara triste de siempre, y don Fernando decidió apostarlo todo a una sola carta.

—¿Sabes, Jimena? —dijo—. La ley propone una compensación para las muchachas como tú, que han perdido a su padre en un duelo de honor…

Jimena abrió los ojos de par en par, sorprendida por la novedad que aportaban aquellas palabras. El rey vaciló un instante. ¿Debía seguir diciendo lo que pensaba, o era un riesgo excesivo que no merecía la pena? Si Jimena se enojaba, estaba claro que su cólera no tendría límites. Don Fernando, sin embargo, notó que los ojos de aquella muchacha se volvían ansiosos como las manos de un náufrago y entonces recobró la fuerza necesaria para terminar lo que había empezado. Con una voz que fingía indiferencia, el rey dijo:

—La ley establece que el hombre que mata por honor debe velar por la mujer y las hijas del muerto. Tal vez te parezca una locura, pero, si tú lo desearas, podría exigirle a Rodrigo que te tomase por esposa. A fin de cuentas, debes pensar que no mató a tu padre por un simple capricho. Y es evidente que, al paso que va, Rodrigo será muy pronto el hombre más rico y distinguido de Castilla.

Jimena tuvo que hacer un gran esfuerzo para impedir que la alegría le desbordase los ojos. En lugar de responder, se refugió en un largo silencio que inundó de incertidumbre el ámbito de la sala. Quería ser cauta y lo logró, porque, cuando por fin dio su contestación, lo hizo con un gesto muy bien estudiado que no era triste ni alegre.

—Mañana os responderé —dijo.

Respondió, por supuesto, que sí, de modo que en menos de un mes se casó con Rodrigo. La boda se celebró en Palencia, y la ofició el obispo de la ciudad, que parecía encantado con el privilegio de casar a la muchacha más hermosa de Castilla con el guerrero mejor adiestrado. Rodrigo se presentó en la iglesia vestido con sus mejores galas. Se había puesto un sombrero coronado de plumas, guardaba su espada en una hermosa vaina de escamas de oro y arrastraba un manto de terciopelo púrpura que parecía sacado del ropero de un príncipe. La mesura de su gesto daba a entender que había madurado mucho en pocos meses, pero por la comisura de los labios se le escapaba una alegría casi infantil a la que era imposible poner freno. La gente, al verlo, le decía a gritos:

—¡Que viva el Cid, y que Dios lo proteja!

Mientras tanto, don Fernando acudió a buscar a Jimena para acompañarla a pie hasta la iglesia. La encontró sonriente, y tan feliz como si se encontrara a las puertas de la gloria. Llevaba una corona de azahares sobre la frente y estaba tan hermosa que los muchachos se quedaban hechizados al mirarla. Cuando la vieron desfilar hacia la iglesia, las mujeres comenzaron a arrojarle trigo desde las ventanas para darle a entender que le deseaban un matrimonio largo y feliz. Algunos granos, demasiado curiosos, se le colaban a Jimena por el cuello del vestido, y el rey, más dispuesto que nunca, se los iba sacando con mucho cuidado. Era un gesto inocente, pero los muchachos de Palencia se volvían

locos de amor al verlo. En aquel momento, envidiaban al rey con todas sus fuerzas, pero no porque quisieran vivir en un palacio ni lucir sobre la frente una corona de oro, sino porque nada les apetecía tanto como rozar por un instante el delicado cuello de Jimena.

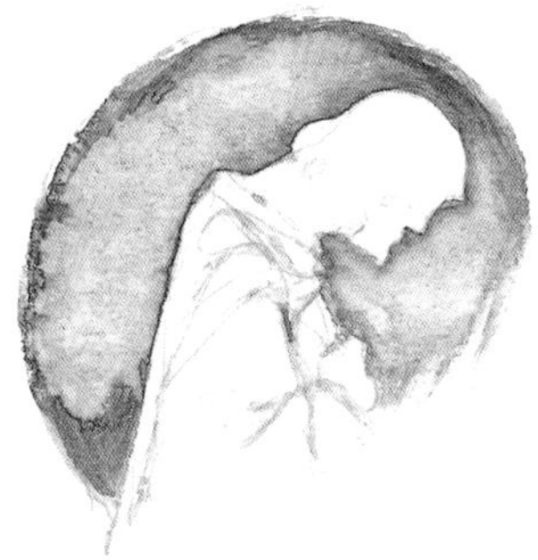

Un buen vasallo

Más tarde o más temprano, todo en la vida llega a su fin. La belleza se esfuma con los años, la flor acaba barrida por el viento, y el sueño más hermoso se deshace en la frontera del amanecer. Ni siquiera los reyes, por más que quieran, consiguen conservar su poder para siempre.

Durante cerca de treinta años, don Fernando había ocupado el trono de Castilla con la sabiduría de un hombre justo y el coraje incansable de un buen guerrero. A fuerza de arrancarles tierras a los moros, había logrado extender su reino desde la orilla del Cantábrico al valle del Duero y desde el corazón de Portugal a las puertas de Valencia. El tiempo, sin embargo, no perdona a nadie, y don Fernando acabó por acercarse a la muerte igual que un hombre cualquiera. Acababa de cumplir los cincuenta años cuando su corazón se volvió lento y frágil, y su vida empezó a deshacerse como el sueño en el alba.

Una tarde de invierno, don Fernando volvió a su palacio abrasado por la fiebre y se metió en la cama tiritando de frío. El médico que lo atendió no pudo darle ninguna esperanza, pues notó en el cuerpo del enfermo el olor irreversible de la muerte. «La vida se me escapa», pensó el rey, así que llamó al capellán para confesarle sus pecados, y luego reunió a sus cinco hijos alrededor de su cama. Cuando los tuvo delante, los miró con una extraña alegría, feliz de sentirse acompañado en un trance tan duro.

—Ha llegado la hora de decirnos adiós —les anunció de pronto con gran serenidad.

Aunque el momento era difícil, los infantes Sancho, Alfonso y García trataron de mantener la calma, pues habían sido educados desde niños para soportar las desgracias con la mayor entereza. Doña Urraca y doña Elvira, por el contrario, se arrodillaron a los pies de la cama y rompieron a llorar sin consuelo:

—No nos dejes, padre, no nos dejes —susurraban.

Don Fernando miró a las infantas desde las brumas de su agonía y les dijo con honda ternura:

—No sufráis, hijas mías, pues confío en ver muy pronto la luz eterna de Dios.

Parecía que iba a añadir algo, pero se detuvo de repente como si le faltase el aliento. El aire silbó al salir de sus pulmones y su cara se contrajo en una mueca de dolor. No obstante, la voz de don Fernando volvió a sonar rotunda cuando dijo:

—Sabéis que, en nuestra patria, los reyes siempre han dejado todos sus bienes al hijo mayor. Yo, sin embargo, quiero olvidarme de esa vieja costumbre para mantenerme fiel a mis propios sentimientos. Como os he querido a los cinco por igual, he decidido repartir mis reinos entre todos vosotros. A ti, Sancho, te dejo Castilla, la patria de mis padres. Tú, Alfonso, reinarás sobre León, y a ti, mi pequeño García, te entrego Galicia, la tierra donde descansan los restos santos del apóstol. Tú, Elvira de mi alma, serás señora de Toro, la ciudad de las recias almenas. Y a ti, mi querida Urraca, te dejo Zamora, a la que muchos llaman con razón la joya de Castilla.[1]

Fueron las últimas palabras del rey. Sin que nadie lo viera, el ángel de la muerte se posó sobre su cama, y entonces don Fernando oyó en su interior el crujido del alma al soltarse de la cárcel del cuerpo. Doña Urraca notó que su padre había dejado de respirar y lanzó un grito inconsolable que estremeció los muros de palacio. Su hermana Elvira comprendió al instante lo que había ocurrido y empezó a arañarse las mejillas en señal de dolor mientras los infantes Alfonso y García bajaban la cabeza y se hacían sobre la cara la señal de la cruz.

Sólo don Sancho parecía ajeno a la presencia de la muerte. Se le veía serio, pero no estaba dolido, sino irritado. Como era el hijo mayor del rey, se sentía con derecho a heredar todos sus bienes. Don Fernando, sin embargo, había decidido desmigajar su reino para contentar por igual a todos sus hijos. «Es una injusticia», se decía don Sancho, «una injusticia imperdonable». Estaba tan indignado que temblaba de pies a cabeza, e incluso le costaba respirar. De pronto sintió que, para seguir vivo, necesitaba decir lo que pensaba, así que miró hacia el cadáver de su padre y dijo con profundo rencor:

—¿Por qué me has traicionado, padre mío? ¿Acaso no compartí siempre todas tus alegrías y tus penas? ¿Por qué, entonces, me niegas lo que me debes? Todo el mundo sabe que un reino

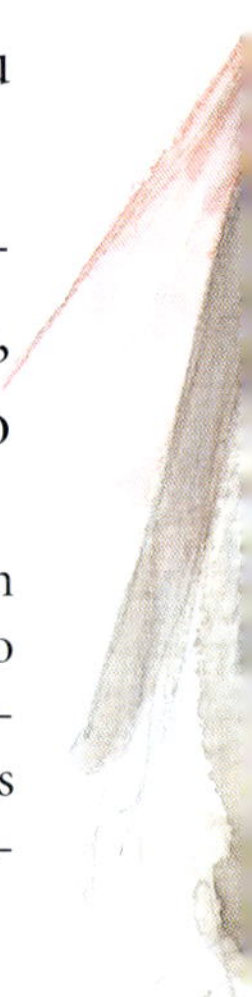

1 Fernando I murió a finales de 1065. Le sucedieron Sancho II el Fuerte en Castilla, Alfonso VI el Bravo en León y García I en Galicia, si bien este último se vio forzado a dejar la corona en el año 1071. En cuanto a Zamora y la cercana ciudad de Toro, pertenecían al reino de Castilla, pero don Fernando las confió a las infantas Urraca y Elvira para que también su descendencia femenina, y no sólo sus tres hijos varones, se beneficiaran de su herencia.

grande, regido por un solo hombre, es más fuerte y temible que un puñado de feudos manejados por cinco voluntades distintas. Dime, pues, ¿qué locura te ha llevado a dividir tus dominios? ¡Ay, padre, qué error tan grande has cometido, y qué pronto empezarás a llorarlo, pues juro por mi honor que algún día uniré de nuevo los reinos que acabas de dividir!

Don Sancho cumplió su amenaza. En cuanto se sentó en el trono de Castilla, les exigió a sus hermanos que le entregasen los reinos que acababan de heredar, si bien todos le dieron la misma contestación:

—No cederé ni un palmo de tierra.

Ninguno de los hermanos sabía que aquella respuesta iba a ser el origen de una larga sucesión de desgracias. Una mañana de lluvias intensas, don Sancho llamó al Cid para explicarle sus planes. Rodrigo entró en el aposento del rey con la familiaridad de quien acude en busca de un hermano, pues se había criado desde niño en la corte y se sentía unido a don Sancho por un estrecho lazo de amistad. Aquella mañana, sin embargo, el rey tenía cara de pocos amigos. Se le veía preocupado, y sus ojos tensos no se permitían el alivio fugaz de un solo parpadeo. Rodrigo besó las manos del rey en señal de obediencia, y don Sancho le anunció con voz firme:

—Voy a declararles la guerra a mis hermanos. Dime, Rodrigo, ¿me ayudarás a conquistar sus reinos?

El Cid se mostró desconcertado. Admiraba a don Sancho por la fortaleza de su carácter, pues sabía que un hombre decidido tiene mucho que ganar en esta vida, pero de pronto comprendió que un temperamento impulsivo no era el más adecuado para un rey. El ejercicio del poder exige reflexión y prudencia, y en cambio don Sancho parecía dispuesto a tomar sus decisiones con la temible ligereza de un chiquillo caprichoso.

—Mi opinión, Majestad —dijo el Cid—, es que no debéis derramar la sangre de vuestros propios hermanos…

Al oír aquellas palabras, el rey se irguió en el trono como si hubiera recibido un lanzazo en el pecho. Apreciaba al Cid y valoraba sus méritos de guerra, pero no estaba dispuesto a tolerar que le llevase la contraria en un asunto de estado. Rojo de ira, don Sancho contestó:

—Mi intención, Rodrigo, era nombrarte alférez de mis tropas,[2] pero ya veo que no debo contar con tu apoyo.

El Cid no supo qué decir. Deseaba evitar la guerra a toda costa, pero sabía que un buen vasallo debe obedecer siempre a su señor. Si le llevaba la contraria, don Sancho tal vez llegase a condenarlo al destierro. Rodrigo se estremeció con la sola idea de

2 En tiempos del Cid, se llamaba *alférez* al jefe máximo del ejército.

tener que abandonar su casa y llevar una vida errante lejos de su familia. El castigo le parecía tan insufrible, que prefirió someterse, así que agachó la cabeza y dijo con humildad:

—Confiad en mí, señor. Seré el alférez de vuestros ejércitos y os serviré con la mayor lealtad.

En los ojos del rey destelló el brillo de la satisfacción. Don Sancho se sentía victorioso antes incluso de ir a la guerra, pues sabía que ningún caballero podía compararse con el Cid ni en valor ni en astucia.

—¡Eres un buen vasallo, Rodrigo! —exclamó—. Prepara las tropas, porque la guerra nos espera. Empezaremos por conquistar Galicia, el reino de mi hermano pequeño. García tendrá que entregarme sus tierras si no quiere verlas inundadas de sangre.

Cuando el Cid salió de palacio, llevaba el corazón envenenado de amargura. Aunque había obrado como un buen vasallo, se dolía de haber traicionado sus propios principios. Pero lamentarse no iba a servirle de nada. Don Sancho había tomado su decisión, y no había marcha atrás. Castilla se encaminaba hacia un oscuro horizonte, y sólo Dios sabía a ciencia cierta cuántos muertos estaban por venir.

El Campeador

La política es una dama caprichosa: tan pronto separa a los amigos como une a los rivales. Cuando don Sancho se propuso conquistar Galicia, encontró un aliado inesperado en el camino: su hermano Alfonso, el rey de León. Sancho y Alfonso se parecían como dos gotas de agua: tenían el mismo carácter aguerrido, los mismos ojos fieros de guardián y la misma barba decidida, que apuntaba como una flecha al corazón de la gente. Los dos amaban los desafíos, los dos tenían el orgullo a flor de piel y los dos resultaban temibles cuando se dejaban arrastrar por la cólera. Pero lo que los unió de veras en aquellos años no fueron las semejanzas de su temperamento, sino un ambicioso objetivo político: tanto Sancho como Alfonso querían adueñarse de Galicia, así que aunaron sus tropas, se apoderaron del reino y se lo repartieron como buenos hermanos.

La alianza, sin embargo, no podía durar mucho. En realidad, cada uno deseaba el reino del otro, así que los dos hermanos acabaron por declararse la guerra. Don Sancho se propuso conquistar León, pero enseguida comprendió que no le iba a resultar fácil, porque don Alfonso contaba con un ejército poderoso y muy disciplinado. Los dos reyes parecían condenados a una guerra muy larga que no podía traer nada bueno, así que al final decidieron reunirse para buscar una solución rápida a su disputa. El día en que se vieron las caras, sus miradas se cruzaron como dos flechas animadas por un odio mortal. Don Alfonso se sentó frente a don Sancho, apretó sus puños contra las rodillas y dijo:

—Mi propuesta es que nos enfrentemos de aquí a dos meses en una batalla que ha de durar un único día. Los dos llevaremos el mismo número de caballeros y peones,[1] e invocaremos a Dios para que decida con su buen juicio quién debe obtener la victoria. Empezaremos a luchar al alba, y dejaremos de hacerlo cuando acabe el día. El que lleve la ventaja en ese momento se quedará para siempre con el reino del otro.

Don Sancho estaba de acuerdo con su hermano, pero era demasiado orgulloso para darle la razón de buenas a primeras, así que permaneció inmóvil como una estatua de piedra, hundido en un silencio sepulcral. Don Alfonso comprendió que su hermano trataba de humillarlo con su indiferencia, y se levantó de golpe para irse. Pero, justo entonces, don Sancho se aclaró la voz y resumió su opinión con tres palabras:

—Me parece bien —dijo.

Cinco semanas más tarde, cuando los gallos del amanecer rompieron a cantar mirando al cielo, el Cid se levantó de su cama para partir de nuevo hacia la guerra. Le esperaba una batalla crucial en la que nadie tendría miramientos con nadie. Jimena lo sabía, y se mordía los labios para no llorar. Temía que su esposo no regresara, y se sintió de pronto como la viuda de un

1 *peón*: guerrero de *infantería*, es decir, el que batalla a pie y no a caballo.

hombre vivo. El mundo se le hizo tan cuesta arriba que exclamó con toda su rabia:

—¡Malditas sean las guerras y quienes las disponen!

Rodrigo le contestó con un sentido abrazo en el que puso toda la fuerza de su amor. Había llegado la hora de partir, y se acercó a sus hijas, que dormían en la cuna, para mirarlas por última vez. Se llamaban Elvira y Sol, y se parecían tanto entre sí que costaba trabajo distinguirlas. Tenían la piel de nieve de su madre, unos ojos enormes del color de la miel y el cabello dorado de las niñas del norte. Por fortuna, eran demasiado pequeñas para darse cuenta del dolor que sufrían los adultos. De hecho, parecían tan felices en sus sueños que el Cid contuvo el aliento para no despertarlas. Ni siquiera se atrevió a acariciarles las mejillas, pues temía que sus manos de guerrero, endurecidas por el roce continuo de la espada, arañasen lo mismo que un guante de espino.

La batalla se libró a mediados de enero en los alrededores de Golpejera, un pueblo fronterizo situado entre los reinos de Castilla y León. Cuando amaneció, los dos ejércitos ya habían ocupado la llanura. Cada bando estaba formado por mil caballeros y tres mil peones. Mientras el sol alumbraba el horizonte, los guerreros comenzaron a rezar a voz en grito para pedirle a Dios que les diera la victoria, y fue tal el alboroto que formaron, que los pájaros echaron a volar en desbandada desde las copas dormidas de los árboles. Las lorigas[2] centelleaban a la luz del sol, y los pendones[3] colgados de las lanzas se enroscaban como cule-

2 *loriga*: armadura formada por un conjunto de láminas metálicas unidas entre sí.

3 *pendón*: banderola.

bras al recibir el soplo del viento. Don Sancho y don Alfonso se apostaron frente a frente, cada uno a la cabeza de su tropa, y al instante sonó el primer grito de guerra. Los caballeros tiraron de las riendas y la infantería alzó sus escudos mientras el cielo quedaba oscurecido por una espesa lluvia de flechas cruzadas. Al lado del Cid, montado en una yegua de recio pelaje, se hallaba el conde don Martín, un burgalés de unos cuarenta años que había participado en un sinfín de batallas y que había escapado de todas sin un solo rasguño. La costumbre de la victoria lo había vuelto algo orgulloso, así que el conde se ladeó hacia el Cid y le dijo muy seguro de sí mismo:

—¡Los leoneses van a morder el polvo!

Don Martín, en cualquier caso, no iba a probar la miel del triunfo. Como salida de la nada, una flecha surcó a gran velocidad el aire fresco de la mañana y se clavó con fuerza incontenible en el ojo derecho del conde. Fue como un aviso siniestro de lo que se acercaba. La flecha cruzó en diagonal la cabeza de don Martín y asomó su afilada punta de hierro por entre dos mechones de la nuca. El conde cayó fulminado a los pies de su yegua, y allí se quedó inmóvil por completo, con las mejillas bañadas en sangre y la cara paralizada en una mueca de terror. Fue una muerte tan absurda que el propio Cid quedó sobrecogido. Pero, como no quería lastimar la moral de sus hombres, fingió indiferencia y gritó con coraje:

—¡Venzamos por la gloria de Castilla!

Durante más de ocho horas, los dos bandos pelearon a sangre y fuego. Las hachas silbaban en el aire, las lanzas se estrellaban contra los escudos, y los huesos crujían al romperse bajo el golpe mortal de las mazas de hierro. Espoleados por sus jinetes,

los caballos cabalgaban a galope tendido y levantaban tanto polvo con sus cascos que toda la llanura quedó hundida en una espesa niebla de arena. Algunos peones ni siquiera distinguían al guerrero que tenían delante, así que luchaban de oídas, guiándose por el jadeo rabioso del enemigo. Don Alfonso se había comprometido a pagar un marco[4] de plata por cada cabeza que hicieran rodar sus hombres, de modo que los leoneses segaban vidas sin parar a fin de hacerse ricos a costa de la muerte. El campo de batalla se convirtió así en un auténtico infierno donde los heridos caían sin tregua. Los más afortunados perdían la vida al instante, pero la mayoría se pasaban horas desangrándose gota a gota sobre la tierra embarrada de la llanura antes de naufragar por completo en el sueño perpetuo de la muerte. Por todos lados sonaban llantos de lástima, gemidos de dolor y gritos desesperados, pero Dios no parecía oírlos, pues permanecía hundido en su eterno silencio como si no quisiera intervenir en las disputas de los hombres.

Lo mismo que una moneda, todo combate tiene dos caras: el triunfo y la derrota. A eso de las cuatro, el Cid buscó un lugar elevado desde el que examinar el campo de batalla, y entonces se encontró cara a cara con una dolorosa verdad: los leoneses habían matado a más guerreros que los castellanos y habían sufrido muchas menos bajas. Por cada soldado propio que seguía en pie, el Cid podía contar al menos dos enemigos, así que continuar luchando era una auténtica locura. Por más que le doliera, había llegado el momento de batirse en retirada: de lo contrario, los leoneses aniquilarían por completo a los castellanos.

4 *marco*: moneda medieval.

El Cid cabalgó, pues, hasta don Sancho y le contó lo que acababa de ver.

—La victoria se nos escapa —le anunció con tristeza.

El rey se sumió entonces en un mar de dudas. Había entrado en combate convencido de que la victoria sería suya, y la posibilidad de rendirse no entraba en sus cálculos. Si aceptaba la derrota, tendría que renunciar a su propio reino, pero sabía que, si seguía luchando, perdería a todos sus hombres más pronto que tarde. Por un momento, don Sancho se dejó arrastrar por el orgullo y decidió seguir adelante contra viento y marea. «Rendirse es una deshonra», se dijo con rabia, pero acto seguido vivió un suceso que le hizo cambiar de opinión. Por entre la maraña de los hombres que combatían, echó a caminar hacia don Sancho un peón de unos quince años que venía tambaleándose como si no pudiera con su alma. Había perdido tres dedos de la mano derecha y tenía un tajo profundo en el vientre por el que se le estaban escapando las vísceras. La imagen fue tan espantosa que don Sancho se rindió a la verdad:

—¡Retirémonos! —dijo de pronto a voz en grito—. ¡La batalla está perdida!

Conscientes de su inferioridad, los castellanos abandonaron la lucha al instante y huyeron en desbandada. Los leoneses los persiguieron con furia ciega, decididos a saquear el campamento del enemigo. La retirada fue tan confusa que el Cid perdió de vista a don Sancho bajo la enorme polvareda que levantaron los cascos de los caballos. Entonces, un pequeño escuadrón formado por trece caballeros leoneses decidió aprovechar la ocasión para culminar la batalla de la mejor manera posible: capturando al rey del enemigo. Cabalgaron, pues, tras don Sancho, y enseguida lograron rodearlo. El rey comprendió que defenderse no le iba a servir de nada, y se rindió sin oponer resistencia.

Entre tanto, el resto de los leoneses habían llegado al campamento castellano y lo saqueaban con loco entusiasmo, mientras el Cid y sus tropas se refugiaban en una colina cercana. Rodrigo buscaba al rey Sancho pero no conseguía encontrarlo. ¿Lo habrían herido? ¿Estaría muerto? De pronto, se le acercó corriendo un peón que lo sacó de dudas. Era un muchacho al que apenas había empezado a salirle el bigote, y había corrido tanto que el corazón estaba a punto de salírsele por la boca. Se detuvo ante el Cid con el gesto triste de las malas noticias, y entre jadeo y jadeo logró decirle:

—No busquéis más al rey, don Rodrigo, porque ha caído prisionero. Yo mismo he visto cómo se lo llevaban entre trece o catorce jinetes. He intentado ayudarle, pero ¿qué podía hacer un único hombre contra todo un escuadrón?

El Cid no necesitó oír nada más. Sintió en el pecho una oleada de rabia y, sin pensárselo dos veces, espoleó a su fiel Babieca para volver al campo de batalla. Perder a un rey en combate era una humillación demasiado severa, que Rodrigo no estaba dispuesto a aceptar. Tenía que rescatar a don Sancho fuese como fuese, así que echó a galopar con una furia demoledora que le habría bastado para arrollar a un ejército entero. De repente, pensó en su padre, que había muerto unos meses atrás por culpa de unas fiebres. A don Diego le gustaba decirle: «Cuando tu honor esté en juego, Rodrigo, no dudes en arriesgar la vida, porque es mejor morir

con honra que vivir con vergüenza». El Cid pensó que su padre tenía razón, y estaba decidido a salvar a su rey por más que le costase.

Mientras tanto, los trece jinetes que habían capturado a don Sancho cabalgaban con calma hacia su campamento, orgullosos del trofeo que llevaban consigo. Habían formado una tenaza alrededor del rey y arrastraban el caballo del prisionero mientras decían en son de burla:

—¿Tenéis miedo, Majestad?

Pero su orgullo fue su perdición. Cuando quisieron darse cuenta, Rodrigo ya estaba a menos de diez palmos, a punto de embestirlos con su lanza. El primer envite echó por tierra a los seis caballeros que cabalgaban a la derecha del rey, y con sólo cinco golpes más el Cid desbarató al resto. Cuatro de los jinetes murieron en el acto, ocho quedaron maltrechos en el suelo y sólo uno logró escapar sin heridas. Se salvó gracias al miedo, pues, en vez de plantar combate se puso en fuga, y lo hizo tan aprisa que perdió la lanza y el escudo por el camino. Rodrigo se despojó entonces del yelmo y del almófar,[5] se secó el sudor de la frente con sus manos manchadas de sangre y le dijo al rey:

—Sois libre de nuevo, Majestad.

Don Sancho no respondió. Aunque agradecía la hazaña, no tenía fuerzas para hablar. Se limitó a estrecharle el hombro al Cid, y luego dio media vuelta a su caballo para encaminarse hacia la colina donde se habían refugiado las tropas castellanas. El frío glacial de la derrota le había destemplado el alma, y se le notaba que lloraba por dentro aunque en sus ojos no asomaran

5 *yelmo*: casco; *almófar*: especie de capucha confeccionada con anillos metálicos que protegía al guerrero de los golpes dirigidos a la cabeza.

las lágrimas. Parecía que no iba a hablar en muchos días, pero a mitad de camino se desahogó con el Cid diciendo:

—Quise librar esta batalla para hacerme con el reino de mi hermano, y ahora soy yo quien tendrá que renunciar a la corona de Castilla…

Al oír aquellas palabras, Rodrigo se conmovió. En los últimos años, había mantenido muchas diferencias con don Sancho, pero ahora lo sentía más cercano que nunca. Ya no los unía tan sólo un vínculo de vasallaje y un lazo de amistad, sino también el dolor insoportable de un fracaso común. El Cid sentía en la boca el amargo sabor de la derrota, y se dijo a sí mismo que tenía que deshacerse como fuera de aquella fastidiosa sensación. Aunque pensó deprisa, tuvo una buena idea.

—Si no me engaño, señor —dijo—, pactasteis con vuestro hermano que quien venciese en este día de hoy se quedaría para siempre con el reino del otro…

—Así es —respondió el rey con tono resignado.

—Entonces no todo está perdido…

El rey se irguió en su montura, y en sus ojos asomó una brusca mirada de sorpresa.

—¿Estás pensando en…? —dijo.

El Cid apenas pudo reprimir la sonrisa. Le echó al rey una mirada cómplice y luego respondió:

—Todo el mundo sabe, Majestad, que la guerra es el reino de los astutos…

Tres horas más tarde, cuando cayó la noche, el campamento leonés quedó sumido en un completo silencio. Agotados por la barbarie del combate, los guerreros dormían a pierna suelta en sus tiendas de campaña. Sólo don Alfonso permanecía despierto, pues la excitación de la victoria le impedía dormir. Se sentía un elegido de Dios, y no dejaba de trazar planes para su luminoso futuro. «Mañana mismo, en cuanto enterremos a los muertos, partiré camino de Burgos», se decía. «Dentro de poco seré tan poderoso como lo fue nuestro padre».

Los sueños de los hombres, sin embargo, son quebradizos como pompas de jabón. De repente, la noche se llenó de extrañas voces, de relinchos de caballos, de cascos que pisaban la llanura y espadas que chocaban en el aire. Al principio, don Alfonso pensó que sus oídos repetían como un eco los brutales sonidos de aquel día, pero, como el alboroto iba en aumento, acabó por alarmarse. Aquel ruido no era una simple imaginación, sino el indicio indiscutible de que algo grave estaba pasando. Don Alfonso salió de la tienda, y entonces sintió que todos sus sueños se quebraban de golpe. El ejército de don Sancho había vuelto al combate en plena noche, y estaba causando grandes estragos en el campamento leonés. Los hombres del Cid asaltaban las tiendas sin piedad y sorprendían a los soldados en pleno sueño. Cuando abrían los ojos, los leoneses encontraban en su cuello el filo de una espada, y antes de que pudieran darse cuenta, habían saltado de la vida a la muerte. Don Alfonso pensó que su hermano era un traidor, pero enseguida comprendió que, en realidad, estaba obedeciendo las reglas fijadas. Habían pactado que la victoria sería para quien llevara la ventaja al acabar el día, y el día no terminaba hasta la medianoche.

—¡León será nuestro! —gritaban los castellanos.

Tras media hora de combate, las espadas callaron, y el canto mágico de la lechuza sustituyó al rumor de la guerra. Casi todos los leoneses estaban muertos, y los pocos supervivientes habían

huido a todo correr para salvar el pellejo. El Cid decidió redondear la victoria capturando a don Alfonso, pero cuando llegó a la tienda del rey, la encontró vacía.

—¡Maldita sea! —se lamentó—. ¡Don Alfonso ha escapado!

Don Sancho se le acercó entonces y le estrechó el hombro lo mismo que aquella tarde. El Cid notó en su mano el peso afectuoso de una enorme gratitud.

—No te preocupes, Rodrigo —dijo el rey—. Lo que importa es que hemos salvado Castilla y que nos hemos adueñado de León. Alégrate, porque esta victoria es obra tuya.

Bajo el resplandor azulado de la luna, los soldados castellanos comenzaron a formar un amplio círculo alrededor del Cid. Traían las lorigas muy dañadas por la batalla y se les veía más fatigados que nunca, pero en sus bocas salpicadas de sangre asomaba la sonrisa dulce de la victoria. Tres horas antes, al caer la tarde, el Cid había reunido a aquellos hombres sobre las cenizas de su campamento y les había explicado su plan: atacar al enemigo en plena noche para sorprenderlo durante el sueño. La estrategia había resultado, y los castellanos estaban tan agradecidos por la victoria que miraban fascinados al Cid. Alguien, en mitad de la noche, gritó con entusiasmo:

—¡Que viva el Campeador![6]

No hizo falta que dijera a quién se refería. El propio Cid quedó encantado con el título, así que pocos días después, cuando tuvo que firmar un documento sobre la propiedad de unas tierras, trazó sobre el pergamino seis palabras orgullosas: «Rodrigo el Campeador, señor de Vivar».

---

6 *Campeador* quiere decir 'batallador'.

La muerte reina en Zamora

Como una copa agrietada que nunca se llena: así era el corazón de don Sancho. Poco importaban los triunfos que obtuviese: el rey parecía condenado a una tristeza sin fin, ya que gozaba poco de lo que tenía y sufría mucho por lo que le faltaba. Después de haberse adueñado de Galicia y León, seguía torturándose, pues se pasaba los días pensando en dos lugares que aún no eran suyos: las ciudades de Toro y Zamora, que don Fernando había dejado al morir en manos de sus hijas.

De las dos, era Zamora la que más le dolía. Casi sin darse cuenta, don Sancho la había convertido en una obsesión de su alma. En el perfil de piedra de aquella ciudad, el rey veía todas las virtudes de una mujer hermosa. Don Sancho admiraba el orgullo con que Zamora se levantaba sobre las aguas del Duero, la altura estelar de sus torres, el timbre nítido de sus campanas y la solidez imponente de sus muros, que se volvían tintos como la uva madura bajo el sol rasante del atardecer. Zamora era la joya de Castilla, y don Sancho estaba dispuesto a todo con tal de poseerla, así que cierto día llamó al Cid y le dijo:

—Quiero que convenzas a doña Urraca para que me entregue Zamora. Dile que le pagaré por la ciudad lo que me pida, pero adviértele que debe entregármela, porque, si no me la da por las buenas, no dudaré en tomarla por las malas.

Cumplir aquella misión no era agradable, pues el Cid conocía a doña Urraca desde niño y le tenía un hondo aprecio. El sentido del deber, sin embargo, volvió a pasar por encima de sus propios deseos. Rodrigo viajó a Zamora, y pidió audiencia con doña Urraca. Se sorprendió bastante al verla, pues la recordaba como una muchacha dulce y abierta, y se encontró con una mujer madura y triste, que parecía abrumada por el peso de la vida. Se decía que doña Urraca había amado al Cid desde que era niña y que seguía doliéndole que Rodrigo se hubiese casado con otra. Aquel día, en cualquier caso, lo recibió con afecto, aunque su gesto se ensombreció de pronto cuando supo las intenciones de don Sancho.

—Mi hermano es libre de hacer lo que quiera —dijo la infanta—, pero yo no pienso traicionar a las gentes de Zamora ni por todo el oro del mundo. Es todo lo que tengo que decir.

Cuando don Sancho conoció aquella respuesta, estuvo a punto de volverse loco de rabia.

—Mi hermana está cometiendo un error muy grave —dijo— y lo pagará caro. Prepara las tropas, Rodrigo, porque vamos a cercar Zamora para que no entren víveres en la ciudad. Ni una miserable espiga de trigo logrará atravesar sus puertas. Tarde o temprano, Zamora sucumbirá al hambre, y mi hermana no tendrá más remedio que rendirse.

Don Sancho montó, pues, un campamento frente a Zamora y apostó soldados en todos los caminos que llevaban a la ciudad. Pensando que su hermano se proponía un asalto, doña Urraca mandó cerrar a cal y canto las puertas de la muralla. Pero las tropas de don Sancho no hicieron ningún amago de ataque, sino que se quedaron donde estaban, vigilando la ciudad para rendirla por la fuerza del hambre. Cuando comprendió las intenciones de su hermano, doña Urraca lo maldijo mil veces, pero, como era una mujer de carácter, no se dejó anular por el miedo. «Que nos maten de hambre si quieren», se dijo, «pero Zamora no se rendirá».

Los meses que siguieron fueron terribles. Las provisiones se agotaron en poco tiempo, y el hambre se adueñó de Zamora. Los campesinos mataron a sus animales para comérselos y los caballeros tuvieron que sacrificar entre lágrimas a los galgos con los que en otro tiempo salían a cazar. Los chiquillos apedreaban a los gorriones para tener algo que comer y trepaban a los campanarios para robar huevos en los nidos de las cigüeñas, mientras los criados de los grandes señores cazaban ratones y lagartijas en los sótanos de los palacios, que sus señores se comían servidos en lujosas bandejas de plata. A la larga, no quedó un solo animal vivo en toda Zamora. La gente devoró entonces la paja de los corrales y la maleza que crecía al pie de la muralla. De hecho, cualquier objeto servía para engañar el hambre: el forro de cuero de los escudos, las riendas de los caballos, las sábanas de hilo y los manteles de seda. Incluso las astillas que sobresalían de las puertas se convirtieron en alimento de emergencia, pues parecía fácil encontrar en su sabor de mueble viejo el regusto silvestre de las almendras amargas. Fueron días tan duros que a los zamoranos no les quedó más que una cosa por echarse a la boca: el polvo acumulado en los rincones.

Los que acudían a la iglesia siempre pedían lo mismo: que Dios les hiciera la caridad de convertir las piedras en panes. Sin embargo, el milagro no llegó, y el hambre comenzó a cobrarse vidas. Al cuarto mes de asedio, no quedaba dentro de Zamora ni un solo hueco donde enterrar a nadie, así que los cadáveres comenzaron a amontonarse en las calles y las plazas. La vida cotidiana se convirtió en un infierno. La gente cerraba las ventanas a cal y canto para que el aire enrarecido de la muerte no se colase dentro de las casas, y en los ojos de todo el mundo latía la sombra triste de la desolación. Para ir de un lugar a otro había que abrirse paso entre los cadáveres, que se desvertebraban de golpe con un siniestro rumor de cascabeles. La Muerte se había convertido en la auténtica reina de Zamora, y era fácil encontrársela cara a cara en cualquier esquina. Por las mañanas, solía pasearse a paso lento por las calles bajo la luz cenicienta del amanecer. Llevaba su guadaña al hombro, y caminaba con un orgullo insolente mientras iba repitiendo en voz alta que los hombres no somos más que sombras.

Un día, cuando estaban a punto de cumplirse los siete meses de asedio, doña Urraca salió a hacer una ronda de inspección por la ciudad. Se pasó tres horas recorriendo las calles, y volvió a su palacio con los ojos bañados en lágrimas. Estaba claro que aquella situación no podía sostenerse por más tiempo. Resistir el asedio un día más era una locura que sólo serviría para añadir más desgracia a la desgracia. Por doloroso que resultase, había que rendirse, así que, aquella misma tarde, doña Urraca reunió en su palacio a todos los nobles de Zamora para anunciarles que había decidido entregar la ciudad.

Los nobles llegaron al palacio caminando a duras penas. El hambre les había arrebatado su antigua distinción, y parecían un ejército de resucitados que hubieran salido por un rato de sus tumbas para sentir de nuevo en la cara el aire del mundo. Tenían en la piel el color amarillento de la desesperación, y se les veía tan escasos de fuerzas que costaba creer que pudieran moverse por sí mismos. Cuando doña Urraca los vio, notó en su pecho el crujido de un corazón que se quiebra. Su dolor era tan desmesurado que habría querido volverse a sus aposentos y encerrarse a llorar durante meses. Sin embargo, trató de fingir indiferencia porque sabía muy bien cuál era su deber. En vez de retirarse, subió con decisión los cinco escalones que llevaban al estrado y, una vez arriba, dijo con voz rotunda:

—La vida vale más que el orgullo, así que he decidido entregar la ciudad.

Al principio, sus palabras no provocaron ninguna reacción. Los nobles se hallaban tan debilitados por las penalidades que parecían incapaces de decir una sola palabra o hacer el menor gesto: exigirles ánimo era lo mismo que pedirles ternura a las

piedras. Sin embargo, poco a poco lograron reunir el ímpetu que les faltaba para manifestarse, y un murmullo de aprobación comenzó a saltar de boca en boca.

—Doña Urraca tiene razón —se oyó decir aquí y allá—. ¡Tenemos que rendirnos, porque la vida vale más que el orgullo!

La infanta respiró con alivio, pues sólo estaba dispuesta a entregar la ciudad si la nobleza apoyaba su determinación. Decidida, pues, a seguir adelante, pidió silencio y dijo:

—Esta misma tarde enviaré un par de mensajeros a don Sancho para pactar las condiciones de la rendición. Ahora volved a vuestras casas y suplicadle a Dios que nos proteja.

Con su paso lento de hombres enfermos, los nobles se volvieron hacia la puerta del salón, dispuestos a abandonar el palacio. Pero, cuando todo parecía acabado, comenzó a formarse un extraño alboroto en el fondo de la sala. Entre los que estaban junto a la puerta había un hombre que quería decir algo y deseaba llegar hasta el estrado para hacerse oír por todo el mundo. Comenzó, pues, a abrirse paso entre el gentío, con un vigor y una impaciencia que parecían imposibles en un hombre sofocado por siete meses de hambre. Las energías no le salían de los brazos y las piernas, sino del propio corazón, donde guardaba una envidiable fortaleza de ánimo. Al fin, tras luchar contra viento y marea, el hombre consiguió llegar hasta el estrado. Estaba tan ansioso, que subió de un salto los cinco escalones, se volvió hacia los presentes y dijo con voz de trueno:

—¿Es que ya no queda ni una pizca de valor en esta ciudad? ¿Acaso don Sancho nos ha robado el coraje además de quitarnos el pan de la boca? ¡Rendirse es cosa de cobardes! ¡El deber de Zamora es luchar hasta el final!

El hombre que hablaba era bien conocido en la ciudad. Se llamaba Vellido Dolfos, había nacido en tierras de Galicia y andaba entonces por los treinta años. Tenía una barba rizada del color del azafrán y unos ojos valientes de soldado que llameaban como lenguas de fuego. Vellido era un hombre de carácter resuelto que sabía muy bien lo que quería, así que, cuando se proponía una cosa, nadie podía convencerlo para que diese marcha atrás. Las malas lenguas lo acusaban de haber matado a su propio padre arrojándolo a las aguas del Duero después de una terrible discusión de familia. Sin embargo, otros aseguraban que la fiereza de Vellido no era más que una simple apariencia, y que aquel hombre de barba azafranada guardaba en su pecho un corazón de oro.

—Yo liberaré Zamora —anunció Vellido Dolfos—, si es que la infanta me da permiso para hacerlo.

Doña Urraca no supo qué decir. Hasta aquel momento, su decisión de entregar la ciudad parecía irrevocable, pues quería acabar cuanto antes con el prolongado sufrimiento de los zamoranos. Sin embargo, las palabras de Vellido Dolfos lograron resucitar su orgullo adormecido. Vellido había hablado con la convicción de un mesías que ha encontrado entre las sombras una verdad profunda. Su firmeza era como un sortilegio que encendía una luz de esperanza en la tiniebla de la desesperación. En el primer momento, doña Urraca se sintió atrapada por las dudas, pero al cabo se dijo a sí misma que había que darle una oportunidad a Vellido Dolfos. Si existía una posibilidad de vencer, por remota que fuese, rendirse era una cobardía indigna de un zamorano. La infanta, pues, miró cara a cara a Vellido y le dijo con voz enérgica:

—Liberad a Zamora y contaréis con mi gratitud eterna.

Doña Urraca parecía segura de haber encontrado el camino luminoso de la victoria, pues veía en Vellido a una especie de mago capaz de convertir lo imposible en posible. Ni siquiera se molestó en preguntarle qué planes tenía para liberar Zamora. En el fondo, a la infanta le sucedió lo mismo que a todos los hombres y mujeres de la ciudad: no podía imaginarse ni por asomo que la intervención de Vellido Dolfos iba a cambiar para siempre la historia de Castilla.

Vellido Dolfos

Caía la tarde, y don Sancho miraba hacia Zamora con ansiosa impaciencia. No podía entender que, tras siete meses de asedio, la ciudad siguiera sin rendirse. ¿Acaso los zamoranos contaban con una reserva infinita de víveres? ¿O es que habían encontrado un modo de abastecerse en secreto? Deseoso de acabar con aquel cerco inútil, don Sancho pensó que había llegado el momento de tomar la ciudad por la fuerza de las armas. Sin duda perdería a algunos hombres valientes en el asalto, pero confiaba en que los zamoranos, consumidos por tantos meses de penurias, se dejarían vencer sin apenas oponer resistencia.

Pero, justo cuando el rey había tomado aquella decisión, ocurrió de pronto un suceso inesperado. El centinela que vigilaba Zamora comenzó a señalar la ciudad al tiempo que gritaba:

—¡Alguien sale por la muralla!

Así era. Una de las puertas de Zamora acababa de abrirse, y un jinete abandonaba la ciudad a uña de caballo. Al principio, don Sancho pensó con esperanza que tal vez se trataba de un mensajero que había salido de Zamora con el cometido de dar a conocer la rendición de la ciudad. Sin embargo, muy pronto se dio cuenta de que el jinete era en realidad un fugitivo. Diez o doce caballeros salieron tras él a todo galope, decididos a darle alcance para llevarlo de vuelta a la ciudad. La persecución, no obstante, acabó pronto. El capitán del escuadrón no quería ponerse a tiro de las tropas de don Sancho, así que les ordenó a sus soldados que se detuvieran. Entonces, señalando hacia el hombre que huía, gritó con rabia incontenible:

—¡Marchaos, Vellido Dolfos, y no volváis jamás por Zamora! ¡Estamos hartos de vuestras mentiras!

Para entonces, el fugitivo ya se acercaba al real.[1] Seis soldados del Cid le salieron al encuentro para prenderlo. Contra todo pronóstico, no hizo falta que forcejearan con él, pues el fugitivo se dejó capturar sin oponer resistencia alguna. Era un hombre alto y delgado, de rostro muy pálido, con una barba anaranjada de rizos menudos. Tenía la mirada audaz de un caballero valiente, pero parecía incapaz de todo heroísmo, pues el hambre le había pegado la piel a los huesos y había manchado su cara con unas enormes ojeras de cansancio. Cuando los hombres del Cid lo rodearon, el fugitivo comenzó a gritar:

—¡Por favor, dejadme hablar con vuestro rey! ¡Hay algo importante que debo decirle!

Don Sancho no se hizo de rogar, sino que acudió enseguida junto al extraño, pues ardía en deseos de saber quién era. El fugitivo se arrodilló a los pies del rey, le besó las manos y dijo:

—¡Tened piedad de mí, Majestad! Me llamo Vellido Dolfos y he sido rechazado por la gente de Zamora. Hace unos días le propuse a doña Urraca un plan para liberar la ciudad, y ella lo aceptó con ilusión, pero los zamoranos no me han prestado la

---

1 *real*: campamento en que se encuentra el rey.

ayuda que esperaba, y mi plan ha fracasado sin remedio. Doña Urraca insiste en que soy un traidor, y me acusa de haber despertado en su alma una esperanza inútil. Tanto me aborrece, que ha llegado a planear mi muerte, y acaba de enviar a mi casa un escuadrón de soldados para matarme. Sin duda los habéis visto: son los jinetes que me perseguían. Por fortuna, he logrado escapar, pero ahora soy un fugitivo sin ningún porvenir. ¡Tomadme por vasallo, Majestad, y no os arrepentiréis! ¡Confiad en mí, y conseguiré que conquistéis Zamora sin derramar una sola gota de sangre!

Cuando don Sancho oyó aquellas palabras, su mirada se alborotó con una luz de esperanza. ¿Podía imaginar un cómplice mejor que aquel fugitivo, que conocía Zamora a fondo y deseaba vengarse de doña Urraca? El rey ordenó a sus hombres que soltaran a Vellido Dolfos, a quien agasajó con una cena espléndida. Mientras comían, Vellido le dijo al rey:

—Zamora se ha convertido en un gran cementerio, y algunos hombres han llegado a ahorcarse para dejar de sufrir. Pero no me dan lástima. Deseo la venganza, porque es lo único que puede consolarme. Quiero que Zamora caiga en vuestras manos, Majestad, así que mañana mismo os revelaré un secreto que os permitirá conquistar la ciudad sin correr riesgo alguno.

Don Sancho trató de fingir indiferencia, pero en la comisura de sus labios se abrió el filo de una sonrisa. De tan ilusionado como estaba, aquella noche no logró dormir. Zamora iba a ser suya, así que tenía motivos de sobra para sentirse afortunado. Su entusiasmo era tan grande que, cuando llegó el amanecer, decidió cabalgar hasta la ciudad para mirarla desde cerca, así que montó en su alazán[2] y se marchó con mucho sigilo, sin avisar a nadie de que se iba. Se sentía tan seguro de sí mismo que ni siquiera se ciñó la espada al cinto, si bien se llevó consigo el venablo[3] de hoja dorada que solía usar en sus partidas de caza. Parecía poca cosa, pero era un arma temible que podía atravesar de costado a costado el cuerpo denso de un jabalí.

A aquella hora de la mañana, Zamora estaba más hermosa que nunca. La niebla se enroscaba al cuello de sus torreones y un sol primerizo besaba los pies de su muralla. El rey se sintió tan conmovido que habló con la ciudad como si fuera una mujer hermosa.

---

2 *alazán*: caballo del color de la canela.

3 *venablo*: lanza corta.

—¡Alégrate, Zamora —le dijo—, porque muy pronto te tendré en mis manos!

De buena gana se habría quedado allí durante horas, mirando sin parpadear la silueta de la ciudad, pero no quería alarmar a los suyos, así que decidió volverse al campamento. Pero, justo cuando iba a poner a su alazán al trote, oyó de pronto una voz que decía:

—¡No confiéis en Vellido Dolfos, porque es un hombre innoble que planea traicionaros!

Don Sancho se quedó petrificado de terror, y un sudor frío le bajó por la frente. Alzó los ojos con un movimiento brusco y clavó su vista en el adarve,[4] pues era allí donde había sonado la voz, pero no logró ver a nadie. ¿Serían imaginaciones suyas, o había un hombre generoso en Zamora que trataba de ayudarle? Por la mente de don Sancho cruzaron un sinfín de ideas sin rumbo. ¿De veras Vellido Dolfos era un traidor? ¿Lo había enviado doña Urraca con algún malicioso propósito? Pero ¿por qué iba a creer al hombre que había hablado desde el adarve, si a fin de cuentas pertenecía al bando enemigo? «No, no puede ser», se dijo don Sancho. «Lo que sucede es que los zamoranos tienen miedo de Vellido Dolfos, y por eso han decidido manchar su reputación». Estaba claro que el hombre del adarve trataba de engañarle, así que el rey miró hacia lo alto y dijo con desdén:

—Callad, maldito traidor, porque no tengo tiempo para escuchar mentiras.

Justo en aquel momento, el Cid abrió los ojos en su tienda de campaña. Había sentido un vuelco en el pecho y, en cuanto des-

4 *adarve*: camino situado en la parte alta de la muralla, por el interior, y que queda protegido por las almenas.

pertó, se dijo a sí mismo: «Vellido no es un hombre de fiar». No sabía muy bien por qué, pero tenía el presentimiento de que había que ponerse en guardia frente a aquel desconocido. Salió, pues, de su tienda con el propósito de ir a hablar con don Sancho de inmediato. Tenía que decirle lo que pensaba, para que el rey obrase con cautela. Sin embargo, algo inesperado había sucedido. Cuando el Cid llegó a la tienda de don Sancho, encontró al mayordomo del rey muy nervioso, y le oyó decir con voz alarmada:

—¡Don Sancho no está! ¡Se ha marchado del real sin avisar a nadie!

Para entonces, el rey ya volvía hacia el campamento. Atravesaba un camino bordeado de altos álamos cuando oyó el relincho de un caballo. Alguien venía al trote, y el rey levantó su venablo casi por instinto. Durante unos segundos, contuvo la respiración, pensando que tal vez se acercaba un enemigo, pero su rostro se relajó de pronto cuando descubrió a lo lejos el perfil afilado de Vellido Dolfos. Don Sancho sonrió, y Vellido agachó la cabeza en señal de respeto.

—He venido a buscaros, Majestad —anunció enseguida—, porque quiero cumplir la palabra que os di.

—¿Vais a enseñarme el secreto que me dijisteis anoche?

—Así es. Vayamos a Zamora, y os mostraré un portillo[5] por el que podréis conquistar la ciudad sin que los centinelas de doña Urraca se percaten.

Al oír aquello, don Sancho sintió la punzada de un remordimiento. «¿Cómo he podido dudar de Vellido?», se dijo. ¿Acaso

5 *portillo*: abertura o puerta falsa situada en una muralla.

no saltaban a la vista sus buenas intenciones? Aquel hombre era una persona de palabra, y lo estaba demostrando con hechos. Al rey le parecía tan servicial y voluntarioso como el mismísimo Cid Campeador, así que dijo con gesto sonriente:

—Vayamos a Zamora.

Lejos de allí, en el campamento, el Cid comenzó a sacar conclusiones. Acababa de llegar a la tienda de Vellido y la había encontrado vacía. La noche anterior, Rodrigo había observado que el rey trataba a Vellido Dolfos con extrema confianza, como a un viejo amigo con el que mantuviera una estrecha complicidad. «Sin duda habrán salido los dos juntos a examinar desde cerca las murallas de Zamora», pensó el Cid. En principio, no había por qué temer nada, pero era una locura que don Sancho se fiase tanto de un hombre al que acababa de conocer. ¿Cómo se le había ocurrido marcharse con Vellido Dolfos sin tomar la precaución de llevarse consigo a su escolta? ¿Quién podía asegurarle que no estaba en compañía de un traidor?

Mientras el Cid ataba cabos, Vellido Dolfos cabalgaba junto al rey en dirección a la ciudad y le decía con la voz pausada de un confidente:

—En la muralla de Zamora hay un portillo que permanece abierto día y noche. Nadie lo vigila, pero no es de extrañar, porque son pocos los que saben que existe. La maleza ha crecido con tanta fuerza a su alrededor que lo ha dejado oculto. Yo, sin embargo, sé muy bien dónde se encuentra, y ahora mismo os lo señalaré. Para conquistar Zamora, pues, no tendréis más que entrar con vuestras tropas por el portillo cuando caiga la noche. Antes de que los zamoranos puedan darse cuenta, la ciudad habrá caído en vuestras manos.

—¡Mil gracias, Vellido! —exclamó el rey, y en sus labios se formó una sonrisa inmensa que expresaba a la perfección la alegría de su alma.

El Cid, en cambio, no podía estar más preocupado. Había decidido salir a todo galope para encontrarse cuanto antes con el rey y protegerlo de todo posible peligro, así que buscaba las espuelas para ponérselas. Sin embargo, no había manera humana de encontrarlas. Tal vez el Diablo las había escondido para impedirle que se reuniera con don Sancho. Tanto daba, pensó al fin: cabalgaría sin espuelas como los jinetes antiguos. Confiaba en que su fiel Babieca se esforzara lo mismo en la carrera aunque no sintiese en el costillar la enojosa puntilla del aguijón.[6]

Para entonces, don Sancho ya había visto el portillo y regresaba hacia el real en compañía de Vellido Dolfos. «Esta misma noche tomaré Zamora», se iba diciendo con loca esperanza, «y en muy poco tiempo tendré en mis manos todos los dominios que mi padre dividió contra toda razón». Pero, cuando más entregado estaba a sus delirios de grandeza, don Sancho notó de pronto un dolor en el vientre que lo devolvió a tierra firme. La punzada fue tan repentina que el rey dio un respingo en su caballo.

Vellido Dolfos, que lo vio, le preguntó con cortesía:

—¿Os sucede algo, Majestad?

El rey se sonrojó.

—Nada de importancia —dijo—. Lo que pasa es que, a pesar de ser rey, tengo las mismas necesidades que un hombre cualquiera.

---

6 *aguijón*: espuela.

Vellido sonrió. Sabía muy bien lo que el rey quería decir, de modo que se apeó de su corcel[7] y le tendió la mano a don Sancho para ayudarle a desmontar. Luego, le señaló una densa mata de helechos y le dijo:

—Escondeos tras esos arbustos, y os podréis desahogar con tranquilidad.

El rey pensó que era una buena idea. Se acercó, pues, a los helechos y apartó unas cuantas ramas para abrirse paso hacia el otro lado. No se percató, sin embargo, de que el terreno formaba allí una brusca pendiente. Antes de que pudiera darse cuenta, sus talones ya resbalaban cuesta abajo, y las espuelas que llevaba ceñidas a los talones habían saltado por los aires al topar contra la tierra. Don Sancho tuvo, no obstante, la habilidad necesaria para mantener el equilibrio mientras se deslizaba hacia abajo, así que no sufrió herida alguna. Cuando llegó al pie del terraplén, se sacudió el polvo que se le había pegado a la capa y respiró con alivio. Había sido una caída absurda, pero sin trascendencia. Lo único que le inquietaba era que, al caer, había perdido el venablo que llevaba en la mano. Don Sancho miró hacia arriba y descubrió el arma en lo más alto, tendida de través sobre las ramas de un espino. Su primer impulso fue subir a recuperarla, pero justo entonces Vellido Dolfos se asomó por la cima del terraplén y dijo con voz amable:

—No os preocupéis por el venablo, Majestad, que yo os lo guardaré hasta que subáis.

Ninguno de los dos sabía que el Cid cabalgaba hacia ellos. Don Rodrigo estaba tan impaciente por llegar junto al rey que

7 *corcel*: caballo alto, ligero y veloz.

no apartaba ni un instante sus ojos de las sólidas murallas de Zamora. Su caballo, en cambio, avanzaba con el paso lento propio de un desfile: como no sentía las espuelas en las costillas, no se tomaba la molestia de correr. Había días en que Babieca parecía capaz de leerle los pensamientos a su amo, y entonces hombre y caballo formaban un solo ser, mezcla perfecta de inteligencia y fuerza. Aquella mañana, por el contrario, parecían dos extraños incapaces de entenderse. El Cid le clavaba los talones a Babieca y le azotaba el cuello con las riendas, pero el animal se negaba en redondo a acelerar el paso. Sin duda el destino había decidido que las cosas tenían que ser así.

—¡El destino está siendo generoso conmigo! —se dijo el rey al pie del terraplén.

Acababa de desahogar el vientre y se estaba atando de nuevo las calzas.[8] Se sentía tan afortunado que no cabía en sí de gozo.

—¡Mañana será un gran día para el reino de Castilla! —añadió, hablando a gritos para que Vellido Dolfos pudiera oírle—. ¡Zamora va a ser mía, y es a ti, mi apreciado Vellido, a quien debo agradecer el privilegio de conquistarla!

Aunque se encontraba muy cerca, Vellido no llegó a oír las palabras del rey, pues estaba concentrado por completo en sus propios pensamientos. Había tomado el venablo de don Sancho y lo miraba como hechizado. Pensó que era un arma bella y poderosa, digna sin duda de la mano de un rey. Tenía un hermoso mango de marfil tallado en forma de escamas y una cuchilla del color del oro que el herrero había afilado muy a conciencia. Aquel venablo había sido forjado para provocar heridas mortales en el

8 *calzas*: prenda de punto que cubría las piernas hasta la cintura.

cuerpo robusto de los ciervos y los jabalíes, de manera que debía de resultar letal si se estrellaba contra el pecho de un hombre. «No puedo esperar más», se dijo con firmeza Vellido Dolfos. «Don Sancho está indefenso, y no debo desperdiciar la ocasión que el destino me está regalando».

Mientras Vellido levantaba el venablo, el Cid vio por fin a lo lejos lo que andaba buscando. Junto a un matorral de helechos, divisó dos caballos que pacían tranquilos la hierba fresca de la mañana. Los reconoció de inmediato: uno era el robusto alazán del rey, y el otro el corcel gris con el que Vellido Dolfos había escapado de Zamora el día anterior. No había duda de que don Sancho tenía que estar por allí, pero el Cid no conseguía verlo por ningún lado. Distinguió, eso sí, a Vellido Dolfos, y lo que vio lo llenó de inquietud: aquel hombre de barba rojiza empuñaba con la mano derecha una especie de lanza dorada y parecía a punto de arrojarla contra una diana muy bien escogida.

Vellido volvió a mirar el venablo y su corazón latió al galope como una máquina desbocada. A lo lejos, oyó el rumor de unos cascos de caballo y entonces comprendió que no podía esperar más. «Ahora o nunca», se dijo, y un torrente de sangre se le agolpó en el pecho. Con un gesto brusco, apartó las ramas de los arbustos y vio al rey al fondo del terraplén. Don Sancho había cumplido con su necesidad y se aferraba a las ramas de los helechos para ayudarse a subir la pendiente. Cuando Vellido levantó el venablo, sus sienes zumbaron de terror. ¿Sería capaz de hacerlo? Por un momento volvió a dudar, pero enseguida se dio cuenta de que la suerte ya estaba echada. El rey, desde abajo, vio que los labios de Vellido temblaban y preguntó con alarma:

—¿Sucede algo?

Vellido no dijo nada. El silencio de la mañana sólo se quebró con el silbido que hizo el venablo al salir disparado. Don Sancho sintió un golpe brutal en el pecho y vio la explosión de su propia sangre antes de perder la conciencia. Incluso tuvo tiempo de encajar una por una todas las piezas de la traición. Ya no había duda: Vellido había salido de Zamora para matarle. Con la ayuda de los zamoranos, había fingido que era un fugitivo y había logrado ganarse su amistad. Don Sancho habría podido salvarse si hubiera escuchado la voz que aquella misma mañana le había advertido desde lo alto del adarve de que Vellido no era un hombre de fiar, pero la ambición lo había cegado, y el aviso había caído en saco roto. Ahora era el destino quien debía decidir si don Sancho podría seguir el camino de la vida o caería sin remedio hacia el abismo de la muerte.

Nada más lanzar el venablo, Vellido montó en su corcel y huyó hacia Zamora veloz como un rayo. El Cid lo vio escapar, y azotó con rabia los cuartos traseros de su caballo para alcanzar al fugitivo. Sin embargo, Babieca apenas reaccionó, así que Vellido mantuvo la ventaja que le llevaba al Cid y alcanzó la muralla sin problemas. Alguien que le esperaba al otro lado abrió una de las puertas de Zamora en el momento preciso para dejarle entrar. En cambio, cuando llegó el Cid, la muralla volvía a estar cerrada a cal y canto. Enojado consigo mismo, Rodrigo exclamó:

—¡Que Dios maldiga para siempre al caballero que monta sin espuelas!

Nada se pudo hacer por salvar la vida de don Sancho. El maestro de llagas[9] ni siquiera se atrevió a extraerle el venablo del pe-

9 *maestro de llagas*: enfermero, persona que cura a los heridos en combate.

cho, pues sabía que, en cuanto lo hiciera, el rey moriría: prefirió dejárselo atravesado para que don Sancho tuviera tiempo de saldar sus cuentas con Dios. Cuatro soldados se encargaron de llevar al rey hasta su tienda y de dejarlo sentado a los pies de su cama. El capellán acudió enseguida a oír la confesión de don Sancho, y luego el rey pidió hablar con el Cid. Don Rodrigo entró en la tienda con gesto triste, pues se sentía culpable de lo que había sucedido. «Si hubiera llevado puestas las espuelas», se reprochaba a sí mismo, «habría podido evitar la tragedia». Don Sancho reconoció un temblor de pena en los ojos del Cid y trató de consolarlo diciéndole con ternura:

—No sufras, mi querido Rodrigo, porque has sido el mejor vasallo que pueda desear un rey. Hace algunos años me aconsejaste que no guerrease contra mis hermanos, pero mi corazón era joven y orgulloso y no atendió a tus buenas razones. La ambición me cegó, y es justo que ahora pague mi pecado con el castigo de la muerte. Escúchame, Rodrigo, porque debo decirte algo importante. En cuanto Dios se lleve mi alma, quiero que abandonéis el asedio de Zamora, pues la ciudad ha de quedar en manos de doña Urraca tal y como dispuso mi padre. En cuanto al trono de Castilla, su heredero legítimo es mi hermano Alfonso. Sabes de sobra lo mucho que he batallado contra él, pero quiero que en adelante le sirvas con la mayor lealtad y que todos los nobles de Castilla le rindan vasallaje.

Don Sancho no pudo decir nada más. Rodrigo le estrechó la mano con afecto, y casi al instante notó que la respiración del rey se volvía lenta y difícil, y que su mirada se perdía en la niebla misteriosa de la muerte. Afuera empezó a llover, y una fiera ventisca batió las paredes de lona de la tienda. Parecía que la propia

naturaleza quería llorar la muerte del rey, pues, cuando el Cid salió a anunciar lo que había sucedido, la noche cayó de golpe sobre Castilla como un inesperado manto de luto.[10]

10 Sancho II el Fuerte murió el 6 de octubre de 1072, cuando tenía unos treinta y tres o treinta y cuatro años. Sus vasallos trasladaron el cadáver del rey hasta el monasterio de Oña, donde fue enterrado.

La jura de Santa Gadea

Tras la derrota de Golpejera, don Alfonso se había refugiado en la taifa de Toledo, donde reinaba un viejo amigo suyo que lo acogió con los brazos abiertos. Se llamaba Almamún, y era un moro robusto y de risa fácil que inspiraba confianza desde el primer momento. Vivía en un espléndido palacio a orillas del Tajo, donde gozaba de un sinfín de delicias en compañía de sus doce mujeres. Almamún salía a cazar todos los días, se hacía servir los manjares más exóticos, dictaba sus órdenes sentado en un diván de oro macizo y reunía en su patio de recreo a los mejores poetas de la taifa para que recitaran sus versos de amor bajo las ramas floridas de los naranjos. En su palacio, todo parecía dispuesto para la felicidad y, sin embargo, don Alfonso apenas disfrutaba en aquel paraíso. Por más que lo intentaba, no lograba superar la pérdida de León. Se sentía un rey sin reino, así que cada noche, mientras las fuentes del patio desgranaban su canto de agua, se echaba a llorar sobre su almohada y se decía a sí mismo con un áspero lamento:

—No volveré a ser rey.

Pero se equivocó. Una mañana de finales de octubre, llegó al palacio un mensajero con una carta para don Alfonso. Había venido desde Zamora cabalgando a todo galope, y al último de los cinco caballos que había usado en el viaje acababa de reventarle el corazón a las puertas de Toledo. Don Alfonso abrió la carta con ansiedad y, cuando acabó de leerla, se debatió entre dos emociones contrarias.

—¿Malas noticias? —le preguntó Almamún.

—Malas y buenas —suspiró don Alfonso—. Mi hermano don Sancho ha sido asesinado al pie de Zamora, y eso quiere decir que muy pronto ocuparé el trono de Castilla.

Hacerse con la corona, sin embargo, no le iba a ser fácil. Castilla entera había quedado conmocionada por la muerte del rey Sancho, y muchos creían que el auténtico impulsor del crimen había sido don Alfonso, que había utilizado a doña Urraca y Vellido Dolfos como simples cómplices. La nobleza castellana, pues, no parecía dispuesta a someterse a don Alfonso. Pero Castilla necesitaba un rey, así que los nobles se reunieron para tomar una decisión sobre el asunto. El encuentro tuvo lugar en la sala de ceremonias de un palacete de Burgos, y buena parte de la nobleza se decantó al principio por rechazar a don Alfonso. El Cid, por el contrario, trató de encauzar las cosas con una propuesta sensata.

—Lo que os sugiero —dijo— es que aceptemos a don Alfonso como rey, pero con una condición: que, antes de ceñirse la corona, ponga la mano sobre la Biblia y jure solemnemente que no participó en la muerte de su hermano.

Un murmullo de aprobación cundió por la sala. Todos sabían que un hombre de sangre real como don Alfonso no podía jurar en falso, así que incluso los más desconfiados aplaudieron la propuesta del Cid. En toda la sala sólo se oyó una voz discordante: la del conde García Ordóñez.

—Don Alfonso no tiene por qué jurar nada —dijo el conde—, pues salta a la vista que es inocente. Ni siquiera doña Urraca estaba al tanto de las intenciones del traidor Vellido Dolfos.

El conde García Ordóñez era un caballero de unos cuarenta años, de rostro malcarado y mirada sombría. Destacaba por su altura, y era tan delgado que parecía estar siempre de perfil. Todo el mundo sabía que el conde detestaba al Cid, así que sus protestas de aquel día no extrañaron a nadie. El Campeador, en cualquier caso, replicó con firmeza.

—Yo también sé —dijo— que doña Urraca ha colgado paños de luto en las murallas de Zamora, pero un hombre tan astuto como vos, don García, no debería fiarse de las apariencias. Por mi parte, no creeré en la inocencia de doña Urraca hasta que no vea con mis propios ojos la cabeza de Vellido Dolfos, cortada de raíz y clavada en una lanza. En cuanto a don Alfonso, todos deseamos que sea inocente, pero sólo podremos estar seguros de que no participó en la muerte de su hermano si se lo oímos jurar ante la Biblia.

El Cid habló con tanta seguridad en sí mismo que la sala entera aplaudió como un solo hombre. El conde García no volvió a decir nada, pero en su mirada se notaba la rabia que llevaba por dentro. No lograba explicarse que un simple infanzón como el Cid dominase a su antojo a todo el mundo, pero era evidente que los nobles de Castilla le tenían una confianza ciega. El Campeador había logrado imponer su criterio, y se concedió a sí mismo el privilegio de cerrar la reunión cuando dijo:

—Puesto que todos estáis de acuerdo, la jura tendrá lugar en quince días en la iglesia de Santa Gadea.[1]

Mientras tanto, don Alfonso había llegado a León, donde fue recibido con mucho entusiasmo. Los leoneses nunca habían reconocido a don Sancho como rey, así que estaban encantados con el regreso del hombre al que consideraban su auténtico señor. De buena gana habrían celebrado su vuelta con una fiesta desenfrenada, pero don Alfonso no quiso perder el tiempo en diversiones. Lo que le urgía era formar un ejército que le acompañase a Burgos, y tardó muy poco en reunirlo. Mil caballeros y tres mil peones se pusieron a sus órdenes, así que a los dos días de llegar a León don Alfonso se puso en camino. Estaba convencido de que los castellanos lo aceptarían como rey sin oponer recelo alguno, y desfilaba hacia Burgos con el porte radiante de un general victorioso.

Poco antes de llegar a la ciudad, sin embargo, su alegría se desmoronó de golpe. Un heraldo[2] le salió al encuentro para entregarle una carta, que venía firmada por todos los nobles de Castilla. El mensaje era claro: si don Alfonso quería ser rey, tendría que jurar su inocencia en la iglesia de Santa Gadea. Parecía

1 *Gadea* es una forma antigua del nombre *Águeda*.
2 *heraldo*: caballero encargado de llevar mensajes importantes.

una condición fácil de cumplir, pero don Alfonso se indignó tanto al leer la carta, que la rompió en mil pedazos en medio de un ataque de cólera.

—¡No pienso jurar nada! —exclamó—. ¡Soy el legítimo rey de Castilla y nadie tiene derecho a humillarme! Si los nobles se niegan a obedecerme, entraré en Burgos a sangre y fuego y dejaré las calles alfombradas de cadáveres.

Don Alfonso tenía, sin embargo, un buen consejero que le hizo entrar en razón.

—Os conviene jurar —le dijo—, porque, si no lográis el apoyo de la nobleza, siempre seréis un rey débil.

Así era. Don Alfonso sabía que el poder es un juego difícil en el que sólo triunfa quien se rodea de buenos aliados, así que se tragó el orgullo y concluyó:

—Está bien: juraré en Santa Gadea.

Santa Gadea era un templo de muros recios que quedaba muy cerca de la catedral de Burgos. Tenía un alto campanario que arañaba el cielo y una fachada deslumbrante de piedra blanca. En el interior, a mano derecha, había una estatua de santa Gadea que tenía los pies desgastados de tantos besos como recibía. En los días de diario, la iglesia era un lugar plácido, dominado por un denso silencio en el que parecía muy fácil encontrarse con Dios, pero la mañana en que don Alfonso debía jurar su inocencia el templo se convirtió en un infierno de voces y gritos. Cientos de nobles de todas las edades abarrotaban el recinto, y el alboroto que causaban era tan grande que la misma estatua de santa Gadea parecía temblar de inquietud.

Confundido entre la muchedumbre, se encontraba el Cid Campeador. Aunque el momento era delicado, se le veía sereno,

y nada enturbiaba su mirada franca de hombre de buena ley. A su lado, se hallaba el joven Álvar Fáñez, que ya por entonces se había convertido en la mano derecha del Cid. Álvar Fáñez era un muchacho moreno y alto, con una cara aniñada y unos ojos claros de soñador que le daban el aspecto de un ser inofensivo. Los que lo conocían, sin embargo, sabían que aquella apariencia no era de fiar, porque, en el campo de batalla, Álvar Fáñez no tenía miramientos con nadie. Aquel día, en cualquier caso, parecía algo nervioso, pues resultaba imposible no contagiarse de la tensión que se vivía en la iglesia. Inclinándose hacia el oído del Cid, Álvar Fáñez dijo en un susurro:

—Don Alfonso no vendrá. Es demasiado altanero[3] para someterse a la jura.

El Cid respondió sin apartar los ojos de la puerta.

—Por supuesto que vendrá —dijo—. Sabe de sobras que sin jura no hay corona.

Lo único evidente, en cualquier caso, era que don Alfonso se retrasaba. La jura estaba prevista para las doce, pero la campana de la catedral acababa de dar la una, y don Alfonso no aparecía por ningún lado. En el interior de la iglesia, el calor era sofocante. El capellán había decidido perfumar el ambiente quemando incienso, pero aquella generosa precaución no había hecho más que acentuar la sensación de asfixia. Muchos daban por sentado que don Alfonso no acudiría a la iglesia, pues debía de pensar que la jura que le exigían era un formalismo humillante. A eso de las dos, sin embargo, los campesinos concentrados a las afueras del templo prorrumpieron en gritos de asombro como si al-

3 *altanero* : soberbio, orgulloso en exceso.

go inesperado hubiera sucedido. De pronto, el portal de Santa Gadea soltó un crujido de madero viejo, y todos los nobles clavaron su mirada en la entrada de la nave.

Casi al instante, apareció don Alfonso. Venía vestido con colores muy vivos, y llevaba una capa de mucho vuelo que se elevaba por la parte posterior a ras de la hoja de su espada. Se le veía incómodo, pero también decidido a acabar cuanto antes con todo aquello, así que avanzó con paso firme hacia el altar, sin apartar la vista ni un solo momento del Cristo que ocupaba el ábside.[4] Al fin, en medio de un silencio impresionante, don Alfonso se detuvo ante el atril que sostenía la Biblia y preguntó sin molestarse en volver la cabeza:

—¿Quién me va a tomar el juramento?

Lo que siguió fue un silencio espeso como lava de volcán. Nadie en la iglesia se atrevió a alzar la voz, pues todos los presentes parecían intimidados por la presencia imponente del hombre que había hecho la pregunta.

—¿Es que nadie quiere tomarme el juramento? —insistió don Alfonso.

Reinó un nuevo silencio. Don Alfonso notó que los nobles situados más cerca del altar bajaban la cabeza, avergonzados de haber reclamado la jura. Comprendió entonces que estaba en una situación de ventaja y comenzó a crecerse. Cuando volvió a hablar, su voz sonó tan áspera que raspaba los oídos.

—Lo diré por última vez… —anunció.

No pudo, sin embargo, acabar la frase, porque en el centro de la sala se oyó entonces una voz que decía con rotundidad:

---

4 *ábside*: parte semicircular de la iglesia donde se encontraba el altar.

—Yo os tomaré el juramento.

Nadie volvió la cabeza, pues todos conocían a la perfección la voz clara y enérgica del Cid. Decidido como siempre, don Rodrigo comenzó a abrirse paso entre el gentío mientras iba diciendo en un tono de justo reproche:

—¡Qué pronto cambian de parecer los nobles de Castilla! Hace unos días, todos dudabais de la inocencia de don Alfonso, y algunos insistíais en que había que cerrarle a toda costa el camino hacia el trono. Entonces, ¿por qué nadie se atreve a exigirle la jura? ¿Dónde está vuestro valor? ¿Acaso el Diablo os lo ha robado mientras dormíais? ¿O es que os acobardáis como recién nacidos en cuanto notáis cerca el aliento del poder?

Nadie se atrevió a mirar al Cid, pues todos los presentes parecían compartir una misma vergüenza. Sólo el conde García Ordóñez mantenía la cabeza erguida, y estaba dispuesto a plantarle cara a don Rodrigo.

—¡La jura no es necesaria! —gritó de pronto desde el fondo de la sala—. ¡Somos nosotros quienes debemos jurarle lealtad a don Alfonso!

—¡Si no hay jura, no habrá rey! —advirtió el Cid.

—¡Pues entonces tomadme el juramento de una vez! —bramó don Alfonso.

El Cid no esperó a que se lo pidieran de nuevo. Se acercó al altar, se situó a la derecha de don Alfonso y preguntó con gesto severo:

—¿Juráis solemnemente, don Alfonso, que no participasteis en la muerte de vuestro hermano?

Don Alfonso clavó en el Cid una hiriente mirada de rencor. De buena gana habría abandonado la iglesia en aquel mismo

instante, pero sabía muy bien lo que le convenía, así que apoyó la mano derecha sobre el Evangelio y dijo con voz firme:

—Juro solemnemente que no tuve nada que ver en la muerte de don Sancho.

Un suspiro de alivio recorrió la nave de un extremo a otro. El propio don Alfonso se relajó: la jura estaba hecha y el trono de Castilla iba a ser suyo. Sus párpados, encendidos por la cólera, descansaron de golpe, y su mano izquierda, hasta entonces cerrada en un puño, se abrió como una flor. Pero enseguida observó con desconcierto que la mirada del Cid mantenía la rigidez del principio. De pronto, sin que nadie lo esperara, el Campeador alzó de nuevo la voz y dijo:

—Por segunda vez, don Alfonso: jurad que no participasteis en la muerte de vuestro hermano…

Un murmullo de asombro saltó de boca en boca. Todos se preguntaban lo mismo: ¿por qué el Cid volvía a exigir el juramento? Tampoco don Alfonso lo sabía, y en sus ojos centelleó un chispazo de cólera. ¿A qué demonios estaba jugando el maldito Ruy Díaz? ¿Acaso quería humillarlo para lastimar por completo su autoridad? Don Alfonso volvió la cabeza tratando de encontrar una mirada cómplice entre los nobles que tenía detrás, pero todos esquivaron sus ojos. Tan sólo García Ordóñez compartía su indignación, pero tampoco el conde dijo nada. Era como si el Cid hubiera embrujado a todos los presentes para impedirles decidir por sí mismos. Don Alfonso comprendió que la nobleza de Castilla sentía un hondo respeto por don Rodrigo, así que no tenía muchas opciones: si deseaba hacerse con el trono, tendría que jurar por segunda vez. Apoyó, pues, la mano en los Evangelios y dijo en tono impaciente:

—Juro de nuevo que no intervine en el asesinato de mi hermano. Soy inocente, y nadie podrá demostrar lo contrario.

Las palabras de don Alfonso tenían el deje inconfundible de la sinceridad, pero el Cid miró con fijeza implacable a los ojos de don Alfonso, tratando de encontrar en sus pupilas el temblor fugitivo de una mentira. El porvenir de Castilla estaba en juego, y había que asegurarse de que el trono no iba a quedar en manos de un asesino. El Campeador, pues, alzó la voz de nuevo para decir:

—Por tercera vez, don Alfonso, jurad que no os conjurasteis con vuestra hermana para matar a don Sancho.

Una gota de sudor, fría como la nieve, resbaló por la frente de don Alfonso. El Cid acababa de traspasar una frontera que muchos consideraban sagrada. Desde el fondo de la sala, el conde Ordóñez hizo un gesto avinagrado y protestó:

—¿A qué viene tanto juramento?

El Cid no respondió, sino que volvió a preguntar:

—¿Juráis por tercera vez, don Alfonso, que no participasteis en la muerte de vuestro hermano, nuestro querido don Sancho, que cayó muerto a manos de un detestable traidor al pie de las murallas de Zamora?

Don Alfonso sintió una rabia tan honda que, por un momento, pensó en sacar su espada, hundirla en el pecho del Cid y arrancarle el corazón para echárselo a los perros. Los tendones de su cuello se tensaron como las cuerdas de un navío, y el anillo que llevaba en el índice pareció a punto de reventar por la presión de los dedos, pero su voz sonó medida cuando dijo:

—Juro por tercera vez que soy inocente, y el cielo santo es testigo de que estoy diciendo la verdad.

Entonces sucedió lo que ya nadie esperaba. El Cid abandonó de pronto su pose rigurosa, se adelantó hacia don Alfonso, se arrodilló, agachó la cabeza y dijo con sincera humildad:

—Aceptadme por vasallo, don Alfonso. Sois el nuevo rey de Castilla, y prometo seros leal hasta mi muerte.

Don Alfonso se amansó de golpe y dijo con voz serena:

—Os acepto como vasallo, don Rodrigo, del mismo modo que los nobles de Castilla me aceptáis como rey.

Una ovación atronadora estalló en Santa Gadea. La nobleza se sintió feliz de tener de nuevo un rey, y todos alabaron la audacia con que el Campeador había afrontado la difícil situación de la jura.

—Don Rodrigo cumplirá a ciegas su promesa de lealtad —decía la gente al salir de la iglesia.

No se equivocaron. Durante cerca de diez años, el Cid rindió inmejorables servicios a don Alfonso, que el rey agradeció como era debido. Un rescoldo de rencor, sin embargo, siguió abrasando durante mucho tiempo el corazón de don Alfonso, pues la jura de Santa Gadea era una herida difícil de cerrar. El conde García Ordóñez sabía que el rey no la había olvidado, y decidió aprovechar aquella circunstancia para destruir al Cid.

—El Campeador no es un hombre de fiar —solía decirle a don Alfonso—. Le puede la ambición, y no piensa más que en su propio interés. Quién sabe si no andará buscando aliados para echaros del trono.

Las palabras del conde eran simples calumnias[5] sin ningún fundamento, pero echaron raíces en el corazón del rey, porque cayeron en un terreno abonado por el rencor. Al fin, en el año 1081, el conde decidió darle un zarpazo definitivo a la credibilidad del Cid. El Campeador acababa de volver de Córdoba y Sevilla, adonde don Alfonso lo había enviado para cobrar las parias que debían los reyes de aquellas taifas. A su regreso, el conde Ordóñez acudió en busca de don Alfonso y le dijo:

—Algunos vasallos que me sirven bien dicen que el Campeador no es tan honrado como parece.

5 *calumnia* : acusación falsa que se hace contra alguien para perjudicarle.

—¿Qué queréis darme a entender? —replicó el rey.

—Tan sólo me pregunto si don Rodrigo os habrá entregado todo el oro que recaudó en el sur. Por lo que yo sé, una parte de las parias ha ido a parar a sus propias arcas.

Al oír aquellas palabras, el rey ardió en una cólera sin límites. Don Alfonso no se molestó en averiguar si la acusación del conde era veraz, sino que llamó al Cid de inmediato y le dijo:

—¿Me hiciste jurar tres veces en Santa Gadea y ahora tienes el descaro de robarme?

El Cid quedó desconcertado. La acusación era injusta y trató de defenderse, pero todo fue inútil, porque don Alfonso había dictado sentencia y no estaba dispuesto a volverse atrás.

—Ordeno que salgas de Castilla antes de nueve días —dispuso el rey—. Si no lo haces, serás juzgado por alta traición.

Don Alfonso estaba cometiendo una injusticia inexplicable, pero el Cid aceptó la condena sin rechistar porque siempre había sido un buen vasallo. Había jurado que sería leal a don Alfonso hasta el día de su muerte, así que, si el rey le exigía que abandonase Castilla, lo haría sin rechistar por más que le doliese. Ignoraba cuánto tiempo tendría que pasar lejos del reino y ni siquiera sabía adónde encaminar sus pasos, pero ni por un momento pensó en desobedecer a don Alfonso. Lo que más le inquietaba era su familia.

—¿Qué será de Jimena y de mis hijas? —se dijo con dolor cuando salía de palacio, y la pregunta flotó en el aire como un enigma sin solución.

El oro del Cid

Llorando sin consuelo como un niño: así partió Rodrigo hacia el destierro. Cuando salía de Vivar a lomos de Babieca, echó la vista atrás dos o tres veces, dolido de alejarse de la casa donde había sido feliz durante años. Su hogar quedaba vacío por completo, pues Jimena y sus hijas se habían refugiado días antes en el convento de San Pedro de Cardeña a la espera de tiempos mejores.[1] El Cid confiaba en poderles ofrecer muy pronto una nueva casa, pues tenía la intención de adentrarse en tierra de moros y conquistar una villa próspera donde vivir con su familia. Sin embargo, su verdadero sueño era otro: conseguir el perdón de don Alfonso para regresar a Castilla con el honor en lo más alto.

En cualquier caso, no estaba solo. Sesenta caballeros lo esperaban a las afueras de Vivar, dispuestos a acompañarlo en su destierro. A la cabeza de todos se encontraba Álvar Fáñez, en quien el Cid tenía una confianza ciega, y más atrás asomaba el joven Pedro Bermúdez, que tartamudeaba al hablar por pura timidez pero que resultaba temible como un bárbaro cuando pisaba el campo de batalla. El Cid se detuvo frente a sus hombres y los miró con pesar.

1 El monasterio de San Pedro de Cardeña se encuentra a 10 km de Burgos.

—Seré franco —les dijo—: debéis saber que no tengo dinero para pagaros ni alimentos que ofreceros, así que, si alguno desea retirarse, puede hacerlo con entera libertad.

Los hombres del Campeador respondieron con una sonrisa comprensiva, y Álvar Fáñez dijo en nombre de todos:

—¡Sois nuestro señor, don Rodrigo, y estaremos a vuestro lado mientras Dios quiera!

El Cid pretendía pasar la noche en Burgos, adonde llegaron a media tarde. Enseguida se dieron cuenta de que algo extraño pasaba en la ciudad, pues las calles y las plazas permanecían hundidas en un silencio impresionante. Aún faltaban varias horas para que anocheciese, pero no se veía un alma por ningún lado. Era como si un viento mortal hubiera barrido la ciudad de punta a punta y se hubiera llevado muy lejos a todos sus habitantes. Incluso la posada donde el Cid solía albergarse se encontraba cerrada a cal y canto. Don Rodrigo golpeó la puerta varias veces, pero nadie respondió.

—¡Abridnos, posadero! —decía—. ¡Soy Rodrigo el de Vivar, y vengo con mis hombres a alojarme en vuestra casa!

Pero nadie abrió la puerta, de modo que el Cid les ordenó a sus hombres:

—Vámonos, haremos noche en otra posada.

Justo cuando se iban, una niña de nueve o diez años salió corriendo de un portal cercano y se plantó delante del Cid. Don Rodrigo quedó impresionado al verla, pues la niña tenía los ojos de un verde encendido y la mirada limpia como agua de arroyo.

—No os molestéis en buscar otra posada —le dijo al Cid—, porque nadie en Burgos quiere daros cobijo. El rey ha prometido que, si os ayudamos, nos quitará las casas y nos arrancará los

ojos, así que es mejor que os vayáis. Marchaos, Campeador, porque ¿en qué os aprovechará nuestra desgracia?

Sin añadir nada más, la niña se volvió por donde había venido y se escabulló por la puerta de su casa. Roto de dolor, el Cid agachó la cabeza. ¿De modo que don Alfonso había prometido arrancarle los ojos a quien le prestase ayuda? ¡Sólo Dios sabía cuántas mentiras le habría contado el conde Ordóñez para que la ira del rey fuese tan implacable! El Cid, desde luego, no quería perjudicar a las gentes de Burgos, así que decidió salir de la ciudad y acampar a las afueras. Al oír que se iba, algunos se asomaron a las ventanas para verlo por última vez, pues lo apreciaban de todo corazón y sabían de sobras que don Alfonso lo estaba tratando de forma injusta.

—¡Pobre don Rodrigo! —se lamentaron—. ¡Qué buen vasallo sería si tuviera un buen señor!

Lo mismo opinaban los hombres del Cid. Consideraban a don Rodrigo como el caballero más honrado de Castilla, y sentían que acompañarle en aquellos momentos era un deber moral con el que tenían que cumplir a toda costa. Poco les importaban los peligros que pudieran encontrar al otro lado de la frontera: si había que morir, morirían por una buena causa. En general, se les veía animados y, cuando comenzaron a montar sus tiendas en el arenal del río, bromeaban sin parar y reían de buena gana. Lo único que echaban en falta era algo que echarse a la boca, pero no se quejaban porque no querían lastimar la moral del Cid.

El problema de los víveres, en cualquier caso, se solucionó pronto. Empezaba a anochecer cuando sonaron entre los álamos los cascos de un caballo, y enseguida asomó en el arenal un jinete robusto y entrado en carnes que venía sonriendo de oreja a oreja. El Cid lo reconoció enseguida: era su viejo amigo Martín Antolínez, un burgalés alegre y parlanchín que tenía los ojos pícaros de un muchacho travieso. Venía cargado de hogazas de pan y traía un enorme cuero de vino atravesado sobre las ancas de su caballo.

—¡Aquí traigo pan y vino para todos! —fue su saludo.

Locos de alegría, los hombres del Cid se arremolinaron alrededor del recién llegado y comenzaron a repartirse los víveres. Don Rodrigo, en cambio, puso cara de preocupación.

—¿Pero es que habéis perdido la cabeza? —le dijo a Martín Antolínez—. ¿Acaso no sabéis que el rey piensa quitarle la casa y arrancarle los ojos a todo el que me preste ayuda?

—Si quiere mi casa, que se la quede, pero que no se atreva a tocarme una sola pestaña, o se arrepentirá por el resto de sus días. He decidido que me voy con vos, y no me haréis cambiar de opinión por más que insistáis. Me huelo que vais a conseguir enormes riquezas luchando contra los moros y no pienso renunciar a mi parte en el botín…

Bajo la luna pálida de Burgos, el Cid sonrió por vez primera en muchos días.

—Mil gracias, don Martín —dijo el Campeador—. Me gustaría pagaros las provisiones, pero no tengo dinero… ¡Ya veis lo que son las cosas: el rey me acusa de haberme quedado con sus parias, pero la triste verdad es que ni siquiera puedo alimentar a mis hombres…!

Tras decir aquellas palabras, el Cid se abismó en una honda meditación. Llevaba días dándole vueltas a un plan para conseguir dinero, pero lo había descartado varias veces porque le parecía impropio de una persona de buena ley. Sin embargo, no podía dejar que sus hombres pasaran hambre, así que le preguntó a Martín Antolínez:

—Decidme, don Martín, ¿conocéis a Rachel y Vidas?[2]

Por supuesto que los conocía: Rachel y Vidas eran los dos judíos más famosos de Burgos. Todas las mañanas plantaban su escritorio en el mercado, frente a las tiendas de los plateros, y se dedicaban a prestar dinero a quien lo necesitaba. Pero no lo hacían de balde, por supuesto, sino a cambio de un alto interés. Digamos que si uno les pedía treinta marcos tenía que devolverles por lo menos cincuenta. Era todo un abuso, pero a Rachel y

2 Tanto Rachel como Vidas son nombres hebreos de varón.

Vidas no les faltaban los clientes, porque en Burgos siempre había gente necesitada de dinero. A costa de la miseria ajena, los dos judíos habían hecho una gran fortuna, si bien llevaban una vida de pordioseros, pues eran tan avaros que se alimentaban de sobras y se vestían con ropas llenas de remiendos.

—He pensado en pedirles un préstamo a Rachel y Vidas —le explicó el Cid a Martín Antolínez—, y mi intención es dejarles como prenda dos arcas bien grandes con todas mis riquezas.

Martín Antolínez se quedó de piedra.

—¿Riquezas? ¿Qué riquezas? —exclamó—. ¡Pensaba que habíais salido de Vivar con una mano delante y otra detrás!

—Así es —admitió el Cid—, pero supongo que no pensaréis decírselo a Rachel y Vidas…

Martín Antolínez arqueó una ceja, y sus ojos de ardilla destellaron con un brillo pícaro. El Cid le contó entonces lo que había planeado, y don Martín rió de buena gana.

—¡Es una idea magnífica! —exclamó—. ¡Ahora mismo me voy para Burgos para verme con Rachel y Vidas!

Resguardado por las sombras de la noche, Martín Antolínez se alejó cabalgando camino de Burgos. Mientras tanto, Rachel y Vidas estaban en su casa, sentados ante la mesa del salón. Para gastar lo menos posible, no encendían más que una única vela, así que casi todo estaba a oscuras. Lo único que se veía con claridad eran las quince columnas de monedas que los dos judíos acababan de levantar sobre la mesa. Eran las ganancias del día, y Rachel y Vidas las contemplaban con la mirada lela de un par de enamorados. El hechizo, sin embargo, se quebró de pronto cuando en la puerta de la calle sonaron tres golpes secos. En los rostros de Rachel y Vidas asomó una ráfaga de terror.

—¿Serán ladrones? —dijo Vidas.

—¡Guardemos el dinero! —ordenó Rachel.

Los dos judíos se echaron sobre la mesa para esconder las monedas, pero lo hicieron con tanto ímpetu que más de la mitad cayeron al suelo y echaron a rodar. Desesperados, Rachel y Vidas se pusieron a cuatro patas y comenzaron a buscar sus ganancias perdidas, pero, como la vela daba tan poca luz, no lograban encontrar nada. Rachel daba gritos sin parar, temiendo que los ladrones entraran de un momento a otro, y Vidas, cegado por la tacaña oscuridad, pegaba la nariz al suelo como un perro de caza, tratando de husmear el rastro de las monedas.

—¡Busca, busca! —le decía Rachel.

Tres nuevos golpes sonaron en la puerta, y Vidas se llevó tal susto que levantó la cabeza de repente y topó con la nuca contra la mesa. El zambombazo fue tan colosal que al judío le faltó muy poco para romperse el cráneo.

—No temáis, amigos —se oyó de pronto desde la calle—. Soy Martín Antolínez, y vengo a proponeros un buen negocio en nombre del Cid.

Los cuatro ojos de Rachel y Vidas parecieron a punto de saltar de sus cuencas. Los prestamistas se cruzaron una mirada de complicidad, pues los dos estaban pensando lo mismo. El Cid era un espléndido cliente: le habían prestado dinero en dos o tres ocasiones, y siempre lo había devuelto con exquisita puntualidad. Había, pues, un buen negocio a la vista, y Rachel y Vidas no se lo pensaron dos veces, de modo que salieron corriendo hacia la puerta y la abrieron de par en par con la fuerza de un ciclón. Martín Antolínez estaba a punto de soltar el séptimo golpe cuando se encontró de pronto con cuatro ojos amarillentos y saltones que lo miraban sin pestañear como si quisieran comérselo vivo.

—Perdonad que hayamos tardado tanto en abrir —dijo Vidas con el tono dulzón de quien no tiene la costumbre de ser amable—. Comprendedlo: ¡pensábamos que había ladrones merodeando por la casa…!

—Ya sabéis —apuntó Rachel—: hoy en día, la gente no piensa más que en el dinero…

—¡El dinero, sí! —sentenció Vidas—. ¡El dinero es el gran mal de nuestro siglo!

Mientras hablaban, Rachel tomó a don Martín por el brazo derecho y Vidas lo aferró por el izquierdo. A pesar de sus cuerpos esmirriados, los dos judíos tuvieron fuerza bastante para empujar a Martín Antolínez hacia el centro del salón, donde le

indicaron una silla para que se sentara. Don Martín miró a derecha e izquierda y sintió un escalofrío de inquietud al verse encerrado entre los muros de aquella casa oscurísima que parecía una mazmorra de cuento. Vidas preguntó entonces con una voz chirriante que parecía el graznido de un cuervo:

—¿Así que venís a hablar de negocios?

Los dos judíos se habían sentado junto a don Martín, uno a cada lado, y estaban tan ansiosos por oírle que le plantaron las narices a un palmo de la cara. Don Martín se sintió tan agobiado que se retiró un poco para poder respirar.

—Sí —dijo al cabo—, he venido a proponeros un negocio que os va a resultar muy provechoso. Claro que, antes de entrar en tratos, debéis prometerme que no le contaréis a nadie ni una palabra de lo que vamos a hablar…

Rachel y Vidas asintieron con la cabeza al mismo tiempo, como si cada uno fuese un reflejo del otro: si el negocio era bueno, estaban dispuestos a callar como tumbas. Viéndolos tan complacientes, don Martín comenzó a decir:

—Ya sabéis que el Cid debe partir al destierro porque cometió el error de quedarse con un oro que no era suyo. Sin duda hizo mal, eso es indiscutible, pero no hay que olvidar que tiene muchos soldados a su cargo y que le cuesta mucho mantenerlos. El caso es que ahora es dueño de dos arcas llenas de oro, pero pesan demasiado como para llevárselas consigo al destierro. Lo que le hace falta es dinero contante y sonante, así que quiere pediros un préstamo de seiscientos marcos…

—¿Seiscientos marcos? —gritaron a la vez Rachel y Vidas.

—Sí, seiscientos, pero debéis pensar que el Cid os dejará en garantía sus dos arcas llenas de oro. Su intención es que las guardéis durante un año, pues, al cabo de ese tiempo, don Rodrigo habrá reunido un capital suficiente para devolveros el dinero prestado más el interés que le pidáis.

—¿Y si no regresa? —quiso saber Rachel.

La respuesta era tan obvia que Vidas se indignó:

—¡No seas idiota, Rachel! —dijo—. ¡Si el Campeador no vuelve, abriremos las arcas y nos quedaremos con el oro!

Don Martín asintió con la cabeza, y los dos judíos estuvieron a punto de enloquecer de alegría. Seiscientos marcos era mucho dinero, pero dos arcas llenas de oro valían por lo menos diez veces más. Además, siempre cabía la posibilidad de que los moros despellejaran al Cid en el campo de batalla, y, en tal caso, Rachel y Vidas podrían quedarse con el oro para siempre jamás.

—Está bien —dijeron a la vez los dos judíos, tratando en vano de controlar su alegría—. ¿Dónde están las arcas?

—En el campamento del Cid. Venid conmigo, y don Rodrigo os las entregará.

El negocio entrañaba un cierto riesgo, pues Rachel y Vidas sabían que el rey había prometido sacarle los ojos a quien ayudara al Cid. Sin embargo, el perfume del dinero les resultaba tan irresistible que acabaron por acompañar a don Martín, aunque escondiéndose entre las sombras para que nadie los viese. Cuando llegaron al campamento, Rachel y Vidas besaron más de diez veces las manos del Cid, quien les mostró las dos arcas sin perder un instante. Los dos judíos se estremecieron de felicidad al verlas. Eran lo bastante grandes como para encerrar a un niño en su interior, y saltaba a la vista que pertenecían a un hombre rico, pues estaban forradas con cuero y cerradas con un enorme candado que parecía de oro puro.

El trato se cerró al instante, y Rachel y Vidas montaron las arcas en sus caballos, que doblaron las rodillas al recibir el peso. Martín Antolínez acompañó a los judíos para recoger los seiscientos marcos, que Rachel y Vidas contaron doce veces para asegurarse de que no soltaban una sola moneda de más. Luego, don Martín se volvió al campamento y le entregó el dinero al Cid, quien lo recibió con un gesto de remordimiento.

—No sé si hemos hecho bien al engañar a Rachel y Vidas... —dijo.

—Por supuesto que sí —replicó don Martín, mondándose de la risa—. Ese par de mentecatos viven de engañar a la gente, así que no está mal que, por una vez, ellos sean las víctimas y nosotros los verdugos.

—Pero ¿qué pasará si no he vuelto en un año? Los judíos abrirán las arcas y entonces se darán cuenta de que no contienen ni una sola pizca de oro. ¡Cuando vean que están llenas de arena, me maldecirán por los siglos de los siglos!

—¿Habéis dicho un año? ¡Por favor, don Rodrigo, no seáis tan inocente! Conozco a Rachel y Vidas como si fueran de mi misma sangre, y estoy seguro de que, a estas horas, ya han roto los candados de las dos arcas y han descubierto la arena con sus propios ojos. Por eso os aconsejo que nos vayamos cuanto antes: sé por propia experiencia que un prestamista enfurecido es más temible que un ejército de demonios armados hasta los dientes.

Don Martín tenía razón: había que esfumarse lo antes posible. El Cid, pues, dio la orden de partir, y sus hombres desmontaron las tiendas a toda prisa. Cuando se pusieron en camino, la luna brillaba con fuerza en el cielo, y don Rodrigo parecía haber

cambiado su tristeza sin límites por un asomo de esperanza. No sólo tenía dinero para alimentar a sus hombres, sino que confiaba en ver a su familia en pocas horas. Tenía la intención de pasar por el convento de San Pedro de Cardeña para despedirse de su mujer y de sus hijas, y la simple expectativa de darles un abrazo había calmado de golpe todas las penas de su corazón.

La primera victoria

Doña Jimena salió de su celda cuando ya estaba por amanecer. La noche reinaba todavía sobre el mundo, pero los gallos trataban de ahuyentarla con el loco alboroto de su canto. Caminando con mucho sigilo, la esposa del Cid recorrió el claustro[1] de los Mártires y se coló por la puerta que daba entrada a la capilla. «¿Dónde estará Rodrigo a estas horas?», se preguntó. Sufría tanto por él, que se había pasado la noche llorando, así que entró en la capilla para rezar un rato, pues pensaba que hablar con Dios la aliviaría de sus penas.

Para entonces, el abad del convento ya llevaba más de una hora arrodillado ante el Cristo de ojos tristes que dominaba el altar de la capilla. Don Sancho era un hombre de carácter dulce, y dirigía el convento con muy buena mano. Sin embargo, cuando decía sus oraciones, se ensimismaba de tal modo que adquiría el gesto severo de un viejo sin piedad. Para no distraer al abad, doña Jimena se quedó en la parte posterior de la capilla. Desde allí, clavó su mirada en los ojos de Cristo y comenzó a decir en un susurro:

1 *claustro*: galería arqueada que rodea el patio interior de un convento.

—Sólo quiero pediros, Señor, que ayudéis a mi esposo en el difícil trance que le ha tocado vivir. A fin de cuentas, a vos que fuisteis capaz de crear el cielo y la tierra y de convertir las piedras en panes, no os ha de costar mucho amparar a un hombre bueno…

Justo en aquel instante, sonaron tres golpes en la puerta del convento. Don Sancho levantó la cabeza con un gesto brusco, como si acabara de liberarse de un hechizo, y sólo entonces se dio cuenta de que no estaba solo en la capilla.

—¿Quién será? —se dijo en voz alta.

Sin perder un instante, tomó la candela que ardía a sus pies y abandonó la capilla a paso rápido. Cuando salió al claustro, la luz del alba cayó sobre su cara de luna llena, rematada por el arco oscuro de su oscuro flequillo de monje. Don Sancho era un hombre grueso y entrado en años, pero se movía con la ligereza de un caballero en la flor de la edad. Le bastaron cuatro zancadas para atravesar el patio y plantarse en la entrada del convento. Cuando alzó el ventanillo de la puerta, se preguntó con inquietud si la visita vendría para bien o para mal. Pero, al mirar hacia el exterior, su cara inmensa resplandeció de alegría. A la luz cenicienta del amanecer, don Sancho distinguió el perfil de un hombre fuerte, de barba poblada, con las mejillas curtidas por el sol y los ojos nublados de tristeza. El abad abrió la puerta con un tirón enérgico y exclamó de todo corazón:

—¡Qué alegría que hayáis venido, don Rodrigo! ¡Pasad, pasad, y veréis a vuestra esposa! ¡Ahora mismo estábamos rezando los dos codo con codo en la capilla! ¡A fe que tenéis una mujer que muchos hombres quisieran para sí! ¡Doña Jimena es tan piadosa que da gusto tenerla en nuestro humilde convento…!

—De eso quería hablaros —respondió el Cid—. Os he traído cien marcos para la manutención[2] de mi familia…

—¡No cambiaréis nunca, don Rodrigo, siempre igual de cumplidor…! ¿Acaso creéis que los monjes de Cardeña no podemos alimentar a nuestros huéspedes como Dios manda? ¡Se nota que no habéis visto las coles que criamos…!

—Claro que las he visto, don Sancho, y también os he oído contar que vuestras gallinas ponen dos huevos por cada grano de trigo que comen. Pero, ¿qué queréis que os diga? Bien sabéis que una cosa no quita la otra… Insisto en que aceptéis los cien marcos, y os ruego que, si el dinero se agota, pongáis del vuestro, pues, por cada moneda que gastéis, os devolveré cuatro.

El abad iba a decir algo cuando se oyeron unos pasos impacientes. El Cid alzó la cabeza, y su corazón renació de alegría al ver la cara de su esposa al otro lado del claustro. Jimena se acercó corriendo, con los ojos bañados en lágrimas. Traía de la mano a las pequeñas Elvira y Sol, que parecían algo enfurruñadas por el disgusto del madrugón pero que, en cuanto vieron a su padre, se volvieron locas de alegría. Don Rodrigo se agachó para recibirlas entre sus brazos, y las estrechó con tanta fuerza como si quisiera encerrarlas de un golpe dentro de su corazón. No había duda: lo peor del destierro era tener que separarse de sus hijas. ¿Cómo iba a sobrevivir sin ver sus caras, sin notar el calor de sus manos, sin oír el murmullo de sus voces? Jimena pareció adivinarle el pensamiento, pues miró a los ojos de su esposo y exclamó con rabia incontenible:

—¡Malditos sean los envidiosos que te obligan a marchar!

2 *manutención*: sostenimiento, alimentación.

Fue una despedida amarga. Cuando el Cid besó a su mujer, notó en los labios la sal de las lágrimas, y cuando abrazó a sus hijas por última vez, sintió en el corazón un mazazo de tristeza. Si le hubieran arrancado las uñas de cuajo, no habría sentido un dolor tan grande.

Cuando salió del convento, estaba tan apenado que daba lástima verlo. Álvar Fáñez, que sufría con las penas de su señor como si fuesen propias, trató de animarlo, pero fue en vano. Por la cara que llevaba, parecía que el Cid no volvería a sonreír en el resto de sus días. Incluso el cielo parecía haberse contagiado de su tristeza, pues se encapotó de golpe y comenzó a empapar de lluvia los campos de Castilla.

El día, sin embargo, trajo alguna alegría. A la salida de Cardeña, asomó en una vuelta del camino un grupo de soldados compuesto por unos cincuenta caballeros y más de cien peones. La tropa avanzaba bajo un mar de estandartes lamidos por la lluvia, y todas las caras mostraban el gesto decidido de quien sabe muy bien adónde va.

—¡Alegraos, Campeador —dijo Álvar Fáñez—, porque esos hombres vienen a unirse a vuestra mesnada![3]

Así era. Llegaban desde los rincones más apartados de Castilla para acompañar al Cid en su destierro. Don Rodrigo los miró con afecto y se señaló el corazón con el puño para darles a entender su gratitud. Saltaba a la vista que aquellos hombres conocían de sobras las fatigas de la guerra. Tenían la piel curtida por la intemperie, las manos cruzadas de cicatrices y la mirada obstinada de quien se ha endurecido a costa de mucho sufrir.

—Sois mi esperanza —proclamó don Rodrigo.

Apenas lo dijo, el sol asomó por entre las nubes y bañó el camino con una luz dorada. Álvar Fáñez interpretó aquel suceso como un buen presagio, y le susurró al Cid:

—Dios está con nosotros.

Don Álvaro tenía razón, y aquella misma noche quedó confirmado. En cuanto se puso el sol, don Rodrigo y sus hombres se tumbaron a dormir al pie de un robledo y, en mitad del sueño, al Cid se le apareció un mensajero de Dios. Era el arcángel Gabriel, quien miró a don Rodrigo con sus ojos azules y le dijo con una dulzura celestial:

—Cabalga sin temor, porque Dios te acompaña.

3 *mesnada*: tropa.

Con esos y otros ánimos, el Cid comenzó a cobrar aliento. Cuando salió de Castilla, llevaba consigo trescientos caballeros y más de mil peones. Al otro lado de la frontera, la sierra exhibía con orgullo sus ásperos riscos. Durante horas, el Cid y sus hombres atravesaron espesos bosques y bordearon altas laderas, y al fin, a media tarde, asomó en el horizonte el valle del río Henares, cuyas orillas estaban salpicadas de fortalezas moras. El Cid pretendía adueñarse de alguna de aquellas villas, pero comprendió que sólo lo conseguiría si tomaba al enemigo por sorpresa.

—Detengámonos —dijo entonces.

Había decidido hacer de noche el resto del camino. La mesnada descansó, pues, durante un rato, y sólo volvió a ponerse al trote cuando el pálido resplandor de la luna empezó a blanquear las montañas. La frescura de la noche era de agradecer, y la marcha bajo los árboles resultó más agradable de lo que cabía esperar. Por fin, hacia la madrugada, asomó en el horizonte la ciudad de Castejón, y entonces el Cid dijo con tono rotundo:

—Ocultémonos tras los árboles.

Pocas horas después, el sol volvió a ganarle la partida a la noche. Castejón despertó, y por sus puertas asomó una muchedumbre de campesinos y pastores que desfilaban hacia los campos para entregarse a sus faenas. La ciudad quedó casi desierta: salvo algunos viejos y algunos niños, los únicos que siguieron dentro fueron los centinelas que vigilaban el horizonte desde el adarve de la fortaleza. Llevaban muchos años haciendo lo mismo, y confiaban tanto en la tranquilidad de aquellos parajes que ni siquiera se tomaron la molestia de cerrar las puertas de la ciudad. El Cid, que lo estaba viendo todo desde su escondrijo, comprendió que tenía la suerte de cara, y les anunció a sus hombres:

—Es la hora de atacar.

Sobre la muralla de Castejón, los centinelas suspiraban de aburrimiento, convencidos de que el día no traería ninguna novedad: les esperaban muchas horas de vigilancia inútil bajo el sol calcinante de Castilla. En la parte de la muralla que daba a la sierra, había dos guardianes. El mayor había pasado de los cincuenta años y tenía el cabello sembrado de canas. Llevaba más de media vida desempeñando la labor de centinela, y ya estaba de vuelta de todo. Tan confiado como aburrido, se apoyó en su lanza y se adormiló. En cambio, su compañero era nuevo en el oficio y miraba a lo lejos con cierta ansiedad, como si presintiera que algo crucial estaba a punto de ocurrir. Al principio, no vio más que labradores que recogían trigo, pastores que vigilaban sus rebaños y mujeres que llenaban sus cántaros en las aguas cristalinas del Henares. De pronto, sin embargo, sucedió algo que le llamó la atención. En la lejanía, al pie de la sierra, se formó una espesa nube de polvo. El joven centinela le dijo a su compañero:

—Alguien sale de aquellos árboles, y viene a toda prisa. ¡Fijaos en la polvareda que levanta!

El viejo ni siquiera se molestó en abrir los ojos, sino que chasqueó la lengua con desprecio y respondió en tono cansino:

—¡Los jóvenes os pasáis la vida viendo peligros donde no los hay! Si se levanta polvo, será porque corre viento. O a lo mejor hay alguna manada de caballos salvajes corriendo sin rumbo por la sierra.

Eran caballos, sí, pero no salvajes. Cuando empezaron a acercarse a la muralla, quedó claro que llevaban jinetes en sus lomos. La amenaza era aterradora: cientos de guerreros se acerca-

ban a todo galope, y saltaba a la vista que no venían en son de paz. El joven centinela, pálido de miedo, comenzó a temblar de pies a cabeza. Trató, por supuesto, de dar un grito de alarma, pero la voz no le salió del cuello, así que los jinetes siguieron acercándose sin que nadie pudiera remediarlo. Sólo al tercer intento, el joven logró exclamar:

—¡Que Alá nos guarde!

El grito fue tan poderoso que resonó en todo Castejón. El viejo centinela adormilado despertó de golpe, y los guardianes dispersos por el resto de la muralla acudieron alarmados temiéndose lo peor. Para entonces, el enemigo estaba tan cerca que el paisaje se había difuminado tras la espesa polvareda que levantaban los jinetes. Los centinelas, locos de miedo, dijeron a voz en grito:

—¡Hay que cerrar las puertas de la ciudad!

Abandonaron, pues, el adarve a todo correr, pero sus prisas no sirvieron de nada, pues la tropa del Cid ya había atravesado las puertas de Castejón. Los centinelas empuñaron sus alfanjes[4] en un intento desesperado por salvar la ciudad, pero ¿qué podían hacer contra trescientos caballeros dispuestos a todo? Tres de los guardianes se atrevieron a plantarse ante los caballos del enemigo y fueron arrollados sin remedio. En cuanto al joven que había dado la voz de alarma, tuvo el peor destino que podía imaginarse. En un alarde de coraje, acometió con su lanza a uno de los hombres del Cid, pero pagó cara su osadía: el muchacho recibió un tajo de espada en el cuello que lo envió al otro mundo en un visto y no visto.

Por lo demás, la conquista de Castejón apenas dejó víctimas, pues casi todos sus habitantes se hallaban extramuros.[5] Fue lo mismo que tomar una ciudad fantasma, pues las calles aparecían desiertas y las casas estaban vacías. El gobernador de Castejón entregó sin resistencia el tesoro de la villa, que el Cid repartió con generosidad entre su mesnada. Era la primera victoria de su destierro, y Álvar Fáñez exclamó entusiasmado:

—¡Ya tenéis, don Rodrigo, un lugar donde vivir! ¡Podéis traeros a doña Jimena a Castejón y fundar aquí vuestra nueva casa!

El Cid se quedó pensativo.

4 *alfanje*: espada ancha y curva que usan los orientales.

5 *extramuros*: fuera de una ciudad, es decir, más allá de sus murallas.

—Estamos demasiado cerca de Castilla —respondió—. Si me quedo en Castejón, es probable que don Alfonso envíe un ejército para aniquilarnos. Esta ciudad no me conviene: prefiero asentarme con mi familia en un lugar más tranquilo.

—Pero ¡es una lástima marcharnos de aquí sin más! —se lamentó don Álvaro.

—Nadie ha dicho, querido Minaya,[6] que vayamos a dejar esta ciudad con las manos vacías…

Don Rodrigo, como siempre, había trazado un plan digno de su aguda inteligencia.

—Mi propósito —dijo— es pedir un rescate por Castejón. Cerca de aquí quedan las villas moras de Hita y Guadalajara, de las que he oído decir que son muy prósperas. Les anunciaré a sus gobernadores que estoy dispuesto a dejar Castejón a cambio de tres mil marcos de plata. ¿Os parece un buen precio?

Álvar Fáñez sonrió de oreja a oreja. La idea era magnífica, y el precio le parecía inmejorable. Pero ¿accederían los gobernadores de Hita y Guadalajara a pagar los tres mil marcos? Don Álvaro obtuvo la respuesta muy pronto: los moros no sólo pagaron el dinero, sino que lo hicieron con gusto. De ese modo, todas las partes quedaron contentas: el Cid hizo un buen negocio y los habitantes de Castejón pudieron regresar a sus casas. Algunos quedaron tan encantados con la solución que bendijeron al Campeador por su generosidad y, cuando lo vieron partir, suspiraron con tristeza:

—¡Ojalá que todos los cristianos fueran así…!

6 *Minaya*, apelativo que el Cid aplica de continuo a Álvar Fáñez, es una expresión de origen vasco que quiere decir 'mi hermano'.

La batalla de Alcocer

En los días que siguieron a la venta de Castejón, nuevos guerreros llegaron desde Castilla para engrosar la mesnada del Cid. Álvar Fáñez dirigió varias expediciones de saqueo por el valle del Henares, de las que regresó con cuantiosas ganancias. La bandera del Campeador se paseó hasta Alcalá, y sus hombres alborotaron a golpes de espada aquellas tierras adormecidas donde los caminos olían a romero y los cielos tenían el azul de las cosas soñadas. Cierta tarde, don Rodrigo fijó sus ojos en una ciudad de recios muros que se alzaba sobre un altozano[1] barrido por los vientos. Nada más verla, sintió en el alma la punzada de un deseo y se dijo a sí mismo: «Esa ciudad tiene que ser mía».

La villa que lo había encandilado se llamaba Alcocer, y era una de las más prósperas del valle del Jalón.[2] El Cid quiso conquistarla por sorpresa, pero los habitantes de la ciudad cerraron a tiempo las puertas de la muralla. Don Rodrigo, pues, tuvo que recurrir a otra táctica más paciente: el asedio. Acampó con sus

1 *altozano*: cerro de poca altura.

2 Tras guerrear en torno al Henares, el Cid avanza hacia la zona que riegan los ríos Jalón y Jiloca, hoy perteneciente a la provincia de Zaragoza. En la región se encuentran poblaciones como Calatayud, Ateca y Terrer.

hombres en un otero[3] que quedaba frente a la ciudad, confiado en que Alcocer se rendiría en poco tiempo. Sin embargo, pasaron quince semanas sin que sus habitantes dieran prueba alguna de debilidad. Los hombres del Cid, por el contrario, empezaron a desanimarse. Acostumbrados como estaban al exigente trabajo de la guerra, soportaban mal el tedio de la inactividad. Don Rodrigo comprendió que el tiempo jugaba en su contra, así que tomó una determinación…

Una buena mañana, el jefe de la guardia de Alcocer advirtió con asombro que el Cid había levantado su campamento. En el otero no quedaba más que una única tienda solitaria, que el viento de la mañana batía sin tregua. El Cid y sus hombres, en cambio, se alejaban a paso rápido por la orilla del río Jalón. Al verlos, el jefe de la guardia exclamó con rabiosa alegría:

—¡El Cid se da a la fuga! ¡Se habrá enterado de que los de Ateca vienen en nuestra ayuda y huye muerto de miedo! ¡Fijaos, ha salido tan aprisa que incluso se ha dejado montada una de sus tiendas! ¡Vayamos tras él y le daremos el castigo que merece!

Trescientos guerreros moros abandonaron Alcocer a todo galope. Su sed de venganza era tan poderosa que ni siquiera tomaron la precaución elemental de cerrar las puertas de la muralla al salir. El Cid volvió la vista hacia Alcocer y comprendió que su plan había resultado. La tienda que había dejado montada era una pista falsa, pero los de Alcocer la habían interpretado como la prueba indiscutible de una huida precipitada. Al ver que las puertas de la ciudad estaban abiertas, el Cid le gritó a su tropa:

—¡Alcocer será nuestro!

3 *otero*: cerro aislado que se encuentra en mitad de un llano.

Al instante, todos sus soldados volvieron grupas y echaron a galopar hacia Alcocer. Los trescientos moros que los seguían se detuvieron de repente, desconcertados por el brusco cambio de planes que acababa de hacer el enemigo. El jefe de la guardia no tardó en comprender lo que pasaba.

—¡Es una trampa! —gritó—. ¡Volvamos a Alcocer!

Los moros trataron de regresar a la ciudad, pero ya era tarde, pues los cristianos, animados por su moral de victoria, los arrollaron sin piedad. Las lanzas brillaron al sol, las espadas hicieron su encarnizado trabajo y, en poco más de una hora, los trescientos moros que habían salido de Alcocer cruzaron la frontera que separa la vida de la muerte. Sus cadáveres quedaron tendidos a la intemperie, a merced de las fieras, y los buitres comenzaron a rondarlos desde el cielo, atraídos por el olor caliente de la sangre recién derramada.

Cuando el sol alcanzó el mediodía, la enseña[4] del Cid ondeaba con orgullo en el torreón más alto de Alcocer. Quienes la vieron desde los caminos pregonaron por todas partes la noticia de la conquista. Veloz como una llamarada, el terror cundió por las poblaciones que quedaban más cerca. Tanto los campesinos como sus señores se hicieron eco de la astucia y el coraje del Cid, quien parecía capaz de adueñarse de todas las villas del Jiloca y el Jalón a poco que se lo propusiera. Los de Terrer y Calatayud, temerosos de caer en la siguiente embestida, decidieron pedir auxilio al rey Tamín de Valencia. En la carta que le escribieron, relataron con furioso dramatismo los estragos que estaba causando el Cid en tierra musulmana.

4 *enseña*: bandera.

La carta llegó a Valencia un mediodía de primavera. El rey Tamín se encontraba sentado a la mesa, con el gesto satisfecho de un hombre feliz. Llevaba el cuello adornado con sus mejores colgantes de oro, la barba dividida en un par de trenzas simétricas y las mejillas perfumadas con algalia, que era el aroma de moda en aquel tiempo. Acababa de paladear con delicia un faisán trufado con dátiles y, tras el sabroso almuerzo, Tamín empezaba a adormilarse con el codo apoyado sobre la mesa. Dos músicos ciegos tañían sus laúdes, y tres bellas bailarinas agitaban el vientre ante los ojos entornados del rey. La melodía tenía un sabor dulzón que devolvía a la memoria de Tamín viejos recuerdos de su amado Marruecos. Con los ojos de su imaginación, el rey sobrevolaba un desierto del color de la miel que el viento esculpía con sus manos invisibles. La sensación era tan agradable que Tamín sonreía sin darse cuenta.

Sin embargo, cuando menos lo esperaba, el hechizo se quebró de repente. Un mensajero entró en el salón, se acercó al rey con paso resuelto y le anunció al oído:

—Majestad, ha llegado una carta desde el valle del Jiloca. Parece que el asunto es de importancia.

Casi a regañadientes, Tamín ordenó que le leyeran la carta. Al principio, la escuchó sin prestar mucha atención, como quien oye una cosa demasiado sabida, pero poco a poco su indiferencia se fue convirtiendo en disgusto. Cuando Tamín oyó que el Cid había tomado la ciudad de Alcocer, su piel aceitunada enrojeció de cólera y sus ojos dorados destellaron con una luz siniestra. Loco de rabia, el rey descargó sus puños sobre el tablero de la mesa, y el golpe fue tan recio que los huesos mondos del faisán saltaron en el aire como si tuvieran vida propia.

—¡Malditos cristianos! —rugió—. ¡Cuando llegamos a estas tierras hace tres o cuatro siglos, ni siquiera sabían lo que era una noria! Les hemos traído la civilización y ¿cómo nos lo agradecen? ¡Ni más ni menos que desenvainando sus espadas en nuestras propias narices! ¡Pero que nadie piense que las cosas van a quedar así! ¡Juro por mi honor que el Cid recibirá su merecido!

Corría una mañana de mayo cuando la guardia de Alcocer dio la voz de alarma: un ejército de miles de moros estaba acampando frente a la ciudad. Al caer la tarde, la fortaleza ya se encontraba cercada por los cuatro costados. Los moros no sólo dejaron a Alcocer sin alimentos, sino que desviaron el curso del río que surtía de agua a la ciudad. El Cid se dijo que salir a luchar era una locura, pues el enemigo contaba con un ejército de unos tres mil o cuatro mil hombres, y él no tenía en sus filas más de seiscientos guerreros. Convenía, pues, resistir el asedio con paciencia, a la espera de un milagro que diera un vuelco a tan grave situación. A las tres semanas, sin embargo, Alcocer agotó sus últimas reservas de agua, y entonces el Cid tuvo que afrontar la verdad cara a cara.

—No podemos aguantar un solo día más —les advirtió a sus hombres—. Decidme, caballeros, ¿qué queréis que hagamos?

Álvar Fáñez no se lo pensó dos veces antes de contestar. Las palabras le quemaban en la boca, y las soltó con ímpetu ciego.

—Somos más de seiscientos hombres, señor —dijo—. Salgamos al combate, y con la ayuda de Dios venceremos.

—¡Luchemos! —rugieron los demás con una sola voz.

La decisión, pues, estaba tomada, así que el Cid anunció su plan de combate. La batalla se libraría al alba del día siguiente.

—Puesto que los moros nos aventajan tanto en número de soldados —explicó don Rodrigo—, saldremos a luchar todos los que somos. No quedarán en Alcocer más que dos peones, que guardarán las puertas de la ciudad. Durante el combate, mi sobrino Pedro Bermúdez se encargará de llevar nuestra bandera.

Bermúdez se sintió tan halagado que enrojeció de vergüenza. Si los moros lo hubieran visto en aquel momento, habrían pensado que no era más que un cobarde negado por completo para el arte de la guerra. Sin embargo, bajo su cascarón de niño tímido, don Pedro guardaba un alma ruda de buen batallador en la que no entraban nunca las sombras del miedo. Nada le apasionaba tanto como blandir su lanza contra el enemigo, así que, aquella noche, don Pedro no logró dormir, pues su ánimo estaba excitado por la inminencia del combate. Cuando llegó la madrugada, ya se encontraba listo para la lucha: tenía la loriga sobre el cuerpo, el caballo entre las piernas y la bandera en la mano.

Fue, por supuesto, el primero en salir de Alcocer. En cuanto asomó al pie de la muralla, la alarma cundió en el campamento moro. Los generales Fáriz y Galve, que mandaban el ejército musulmán, abandonaron sus tiendas a toda prisa. Le habían asegurado a Tamín que volverían a Valencia con la cabeza del Cid clavada en una lanza, y se ilusionaron al pensar que, gracias a la batalla que iba a iniciarse, podrían cumplir muy pronto su promesa. A las puertas de Alcocer se habían congregado cientos de guerreros, cuyas lucientes lorigas respondían con guiños anaranjados al sol de la aurora, pero los dos generales moros sonrieron con el aire orgulloso de quien se siente invencible.

—No serán más de seiscientos —calculó Fáriz con buen ojo.

Al instante, los moros ensillaron a sus caballos, empuñaron sus armas y comenzaron a batir con furia la piel reseca de sus viejos tambores de guerra. El estruendo era tan grande que parecía que el cielo entero se estaba viniendo abajo. En el corazón del Cid, la valentía volvió a disputar con la prudencia. Don Rodrigo se preguntó si no sería una locura salir a batallar. Quería a sus soldados como si fueran sus propios hermanos, y no deseaba arriesgar sus vidas en un combate inútil. Como otras veces, la cautela acabó por imponerse en su ánimo, y entonces el Cid le gritó a su tropa:

—¡Que nadie se mueva!

El aviso, sin embargo, llegó tarde. Pedro Bermúdez, dominado por la fiebre del combate, ya había echado a galopar contra la vanguardia mora. A trasluz del sol, ondeaba con fuerza su bandera mientras repetía con voz rabiosa:

—¡A la victoria por el Cid!

Los moros se lanzaron contra Bermúdez para hacerse con su bandera, a sabiendas de que el enemigo se desanimaría si perdía su enseña nada más empezar el combate. Bermúdez, sin embargo, logró esquivar casi todos los golpes. Sólo tres consiguieron tocarlo, y ninguno le atravesó la loriga. El Cid no podía distinguir a su sobrino, pero, cuando vio su bandera flameando sobre un mar de turbantes, ya no tuvo dudas de lo que tenía que hacer:

—¡Socorred a Bermúdez! —les ordenó a sus hombres.

La batalla fue de las que no se olvidan. En menos de una hora, los cristianos derribaron a más de mil soldados, pues cada embestida de sus lanzas dejaba en el suelo a cinco o seis enemigos. Martín Antolínez logró acorralar al general Galve, que destacaba entre sus guerreros por su yelmo coronado de rubíes. Gracias a la fuerza colosal de sus brazos, Antolínez podía soltar cuatro estocadas en el tiempo que su rival necesitaba para apuntar una. Sin embargo, al principio le costó acertar en el cuerpo de Galve, pues quedaba deslumbrado por los rubíes del yelmo del general. Cansado de tanto brillo, Antolínez cambió de táctica: en lugar de arremeter contra el corazón del moro, comenzó a descargar golpes sobre su luminosa cabeza, y le bastaron tres lanzazos para que los quince rubíes saltaran por los aires en una explosión frenética. El último de los golpes socavó además el ánimo de Galve. Antolínez logró partir el casco del general por la mitad y le abrió al moro una brecha en la mejilla. Cuando Galve se palpó la cara, su guantelete salió empapado en sangre. La herida era menor, pero el general presintió que, si no se ponía en fuga, no viviría para contarlo, de modo que espoleó a su corcel y echó a galopar lo más lejos posible. Ni moros ni cristianos lo volvieron a ver en el campo de batalla.

Fáriz tuvo un destino similar. Fue el propio don Rodrigo quien lo buscó con su espada, y no necesitó más que tres golpes para dejarlo fuera de combate. Los dos primeros tocaron el vientre del moro pero no lograron atravesarle la malla de metal que le cubría el cuerpo. El tercero, por el contrario, topó de lleno contra el pecho de Fáriz y fue tan devastador que la loriga se abrió de golpe lo mismo que un párpado. Una explosión de sangre salpicó el rostro del Cid, y una mueca de dolor entristeció la cara de su rival. Por la mirada que dirigió al vacío, quedó muy claro que Fáriz se sentía a un paso de la muerte. Fue como si Alá le hubiera revelado al oído que su única salvación estaba en la huida, pues el general no dudó ni un solo instante de lo que tenía que hacer. Apenas recibió el golpe, reunió las últimas fuerzas que le quedaban y espoleó a su caballo para ponerse en fuga. El animal corrió tan aprisa que apenas dejó huellas en la tierra. Álvar Fáñez, que presenció la huida, explicó luego entre risas que había visto a Fáriz volando sobre el campo de batalla.

Tras la fuga de los dos generales, el ejército moro se vio abocado a la derrota. Había perdido a sus caudillos, y era como una serpiente descabezada que no lograba coordinar sus movimientos. La mayoría de los soldados comenzaron a dispersarse para salvar su vida, y los pocos que siguieron luchando murieron sin remedio avasallados por el enemigo. Los cristianos se abatieron entonces sobre el campamento moro, que les deparó un suculento botín: más de quinientos caballos, miles de espadas embellecidas con piedras preciosas y una docena de arcas llenas de monedas de oro que sin duda tendrían que haber servido para pagar la soldada de los guerreros de Tamín.

Según su costumbre, el Cid repartió las ganancias entre sus soldados con impecable generosidad. Álvar Fáñez agradeció su porción del botín arrodillándose ante el Campeador, pero don Rodrigo le obligó a ponerse en pie.

—Eres la flor de la caballería[5] —le dijo—, y no debes arrodillarte ante nadie. Confío en ti con toda mi alma y, por eso mismo, quisiera encomendarte una misión difícil…

5 Es decir, 'el mejor de todos los caballeros'.

Minaya respondió con una sonrisa cómplice.

—Os aprecio tanto, señor —dijo—, que estoy dispuesto a bajar a los infiernos si es eso lo que necesitáis.

—No hará falta que vayas tan lejos —aclaró el Cid—, pero debo advertirte que vas a poner tu vida en peligro…

Aquella misma tarde, Álvar Fáñez emprendió el viaje más arduo de su vida. El Cid le había encargado que le llevara a don Alfonso un regalo de su parte, pues quería demostrarle al rey que se seguía considerando su vasallo a pesar del destierro. Mientras hacía el camino, el corazón de Minaya se debatía entre la esperanza del triunfo y el miedo a la muerte. Don Alfonso había amenazado con arrancarle los ojos a todo aquel que prestase ayuda al Cid, así que don Álvaro se preguntaba si volvería con vida de aquella misión. Cuando por fin divisó los muros de Burgos, el buen Minaya sintió un nudo en la garganta. Ni siquiera en el campo de batalla había notado tan cerca el aliento de la muerte. Poniéndose en lo peor, pensó que los escuadrones del rey saldrían a capturarlo para conducirlo a la horca. Pero lo cierto es que logró llegar sin obstáculos hasta el palacio real.

Es más: don Alfonso aceptó recibirlo. Minaya entró en el salón del trono con el corazón desbocado, y sintió un escalofrío al advertir que en los ojos del rey seguía ardiendo la llama del rencor. Sin embargo, Minaya sabía bien cuál era su deber, así que reunió el valor necesario para decirle al rey:

—Majestad, vengo de parte del Cid Campeador, quien ha conquistado más de veinte villas desde que salió desterrado de vuestro reino. Hace unos días, mi señor derrotó en fiero combate a las tropas del rey Tamín de Valencia, lo que le proporcionó un rico botín. El Cid se sigue considerando vasallo vuestro, así que ha querido mandaros una parte de las ganancias. Si os asomáis al patio de armas, podréis ver el regalo que os he traído…

El rey no dijo nada. A juzgar por su tenso silencio, se estaba pidiendo paciencia a sí mismo. Minaya, pues, pensó que había llegado la hora de irse y comenzó a incorporarse. Había perdido toda esperanza pero, de repente, el rey se levantó del trono y echó a andar hacia el patio de armas. Minaya lo siguió de cerca, midiendo con precisión cada uno de sus gestos, y reconoció una punta de fascinación en los ojos del rey cuando llegó ante el regalo del Cid. El Campeador le había enviado a don Alfonso treinta caballos de miembros fuertes y pelaje brillante cuya mirada limpia sugería un carácter aguerrido y leal al mismo tiempo. Pero lo más asombroso era que, de la silla de cada caballo, colgaba una espada adornada con gruesos diamantes.

Álvar Fáñez se situó al lado del rey y preguntó con inquietud:

—¿Aceptáis el regalo, Majestad?

Don Alfonso tardó tanto en responder que al buen Minaya se le encogió de nuevo el corazón. Cuando por fin abrió la boca, dijo con voz severa:

—Es demasiado pronto para aplacar mi ira…

Por fortuna, el Cid estaba lejos y no pudo escuchar aquellas palabras. Tras vender Alcocer a los moros de Calatayud, había seguido ensanchando sus dominios en dirección al este. Varias villas cercanas a Teruel e incluso la mismísima ciudad de Zaragoza se habían visto obligadas a pagarle parias. El Cid hacía y deshacía a su antojo en las tierras de los moros, pero, lejos de sentirse alegre, vivía prisionero de la más oscura melancolía. Echaba de menos a su familia, y se preguntaba con angustia qué habría sido de Álvar Fáñez. Más de una vez pensó que don Alfonso, deseoso de ejecutar su venganza, habría ahorcado al buen Minaya a las puertas de Burgos para que su muerte sirviera de escarmiento. Por eso el día en que el Cid descubrió en el horizonte la silueta espigada del buen Minaya, se sintió a punto de enloquecer de alegría. A lomos de Babieca, salió al encuentro de su querido amigo y, tras recibirlo con un fraternal abrazo, le preguntó con ansiedad:

—¿Has ido a Cardeña tal y como te pedí? ¿Has visto a Jimena y a mis hijas?

—Por supuesto —respondió don Álvaro—. Las tres están hermosas como lirios recién florecidos. Os envían muchos recuerdos, porque os echan de menos con toda el alma. Yo les dije, para animarlas, que muy pronto las convertiréis en las mujeres más ricas de la tierra, y estoy seguro de que no mentí…

—Supongo que el abad don Sancho aceptó los mil marcos de oro que le llevasteis de mi parte…

—¡Tendríais que haberlo visto cuando saqué el dinero! El pobre se quedó pálido como si le faltara el aire, porque era la primera vez que veía tantas monedas juntas. Tuve que insistir mucho, pero al final aceptó el dinero…

Aún quedaba pendiente una pregunta, y era la de respuesta más incierta. El Cid titubeó antes de formularla: parecía que su corazón, tan valiente ante las lanzas del enemigo, se había vuelto incapaz de sobrellevar el peso del miedo. Temía una decepción, y se le notaba. Álvar Fáñez lo vio tan abrumado que le ahorró el mal trago de hacer la pregunta.

—El rey me concedió la gracia de recibirme en persona —explicó—, pero al principio lo vi tan serio que temí por mis ojos. Le hablé de vuestras hazañas, le dije que os seguís considerando vasallo suyo y él...

—¿Qué os respondió? —preguntó el Cid con impaciencia.

—Que aún es demasiado pronto para aplacar su ira...

El rostro del Cid quedó ensombrecido por la tristeza. Álvar Fáñez, dolido por la pesadumbre de su señor, agudizó su propia voz para infundirle ánimos.

—Sin embargo —dijo—, está claro que las cosas van a ir a mejor. Don Alfonso aceptó vuestro regalo como muestra de buena voluntad, y me ha dado permiso para que entre y salga de Castilla tantas veces como quiera. En adelante, ningún caballero será castigado por unirse a vuestras tropas.

El Campeador se sintió inmerso en una encrucijada de sentimientos encontrados. Por un lado, comprendió con pena que el perdón de don Alfonso aún se haría esperar, pero, por el otro, se dijo con esperanza que, puesto que el rey había aceptado su regalo, el camino de la reconciliación no estaba cerrado del todo. Don Rodrigo, pues, trató de reponerse y, justo cuando abandonaba el círculo vicioso de sus pensamientos, el buen Minaya exclamó con alarma:

—¡Soldados!

En efecto, por la hondonada que tenían delante se veía avanzar una tropa de unos mil guerreros. El Cid, sin embargo, respondió con curiosa indiferencia:

—Me había olvidado de decirte, querido Minaya, que esta tarde tendremos que batallar de nuevo…

—¿Acaso el rey Tamín vuelve a amenazarnos?

—Nada de eso: esta vez nuestros enemigos son cristianos de buena ley. Don Ramón, el conde de Barcelona, me ha retado.[6] Dice que me he acercado demasiado a sus tierras, y que está deseoso de aplicarme el castigo que merezco. Yo me he resistido a combatir, pero ya sabéis que don Ramón tiene un carácter endemoniado…

—Es un fanfarrón, lo sé de sobras…

El Cid se encogió de hombros, como si no quisiera expresar su opinión. Álvar Fáñez, por el contrario, tenía muy claro que el conde era un hombre orgulloso y tozudo acostumbrado a maltratar de palabra a todo el mundo. Cuando lo vio al fondo de la hondonada, dirigiendo a su tropa con gruñidos de furia, comprendió de inmediato que don Ramón se había propuesto una hazaña que no estaba a su alcance. Si le hubieran pedido al buen Minaya que describiera a un mal guerrero, no habría dudado un instante en señalar al hombre que estaban viendo sus ojos: un caballero maduro y de modales insolentes, con una cara sonrosada de cortesana, los carrillos anchos de un niño de pecho y una barriga enorme de buen comedor que se bamboleaba con fuerza cada vez que su caballo levantaba una pata.

6 El conde de Barcelona, Berenguer Ramón II, es un personaje histórico contra el que el Cid batalló dos veces a lo largo de su vida: en 1082 y en 1090.

—¡Tiembla, Campeador —gritó el conde desde el fondo de la hondonada—, porque has encontrado un enemigo que te hará morder el polvo! ¡Ríndete ahora mismo, o verás correr la sangre de tus hombres!

Corrió sangre, sí, pero no en el bando de don Rodrigo. A los soldados del Cid les bastaron unos pocos lanzazos dados sin mucho empeño para desbaratar por completo al ejército del conde. El propio don Ramón cayó prisionero, y el Cid tomó por botín todas sus pertenencias. La más valiosa era una espada que tenía la empuñadura de oro puro y una poderosa hoja de acero por la que resbalaba con calma la última luz de la tarde. Se llamaba Colada, y el Cid se convenció de que era la mejor espada que había visto en toda su vida. Fascinado por su fortaleza, la alzó con las dos manos como si quisiera consagrarla a los cielos. Don Ramón, que estaba al lado, sintió tal miedo que se echó a los pies del Cid y comenzó a sollozar:

—¡Por lo que más queráis, Campeador, tened clemencia de este pobre vencido! ¡Seré vuestro esclavo si así lo queréis, pero perdonadme la vida, por piedad!

El Cid hizo un gesto de profundo desconcierto y exclamó:

—Pero ¿qué estáis diciendo, señor conde? ¡Desde luego que no voy a mataros! Al contrario: os estoy muy agradecido por el botín que habéis dejado en mis manos. Vamos, don Ramón, venid a cenar conmigo en mi tienda y, prometo que, si coméis con gana, os devolveré la libertad en cuanto el sol salga de nuevo.

El conde miró al Cid con inesperada simpatía. No podía creerse que don Rodrigo, siendo tan aguerrido, se mostrara así de magnánimo con un prisionero. Obediente como un corderillo, el conde acompañó al Cid hasta su tienda y engulló la cena con su buen apetito de siempre. Sin embargo, no respiró con alivio hasta el amanecer, cuando el Campeador le devolvió la libertad según lo prometido. Entonces, don Ramón aguijoneó con fuerza a su caballo para alejarse lo antes posible. «Es mejor poner tierra de por medio», se decía, «no sea que don Rodrigo se dé cuenta de lo estúpido que ha sido al liberar de balde a un prisionero tan valioso como yo».

Días felices

Los héroes nunca renuncian a sus sueños. Al salir de Castilla, el Cid se había prometido que fundaría un nuevo hogar para los suyos, y en los largos años que duró su destierro no perdió nunca aquella noble ilusión. Pensaba que su mujer y sus hijas se merecían vivir en un lugar de clima suave donde no faltara de nada, así que puso sus ojos en la ciudad mora de Valencia, que era hermosa como un poema de piedra y atesoraba un sinfín de riquezas. Rodeada de fértiles huertas, Valencia miraba con orgullo hacia el azul del mar y recibía en sus blancas murallas la cálida caricia de los vientos de levante. El Cid, pues, no albergaba duda alguna: Valencia era el lugar donde quería vivir con su familia.

Conquistar la ciudad, sin embargo, no era cosa sencilla. Valencia estaba rodeada por otras villas moras que le servían de defensa, y se hallaba en manos del rey Tamín, un hombre de carácter fiero al que no parecía fácil doblegar. De Tamín se decía que contaba con riquezas suficientes para armar una tropa de cien mil soldados, pero el Cid no se dejó asustar por los rumores: con una tenacidad casi obsesiva, se pasó tres años tomando las villas que rodeaban Valencia, y al fin, después de mucho mojar su espada en sangre, logró cercar la ciudad de sus sueños.

El hambre hizo el resto. Don Rodrigo cortó el flujo de víveres que pasaban hacia Valencia y dejó que la miseria cundiese entre sus muros. Dentro de la ciudad, el dolor saltó de casa en casa y las palabras de consuelo se volvieron inútiles: ni el hijo lograba animar al padre ni el consejo del padre aliviaba las penas del hijo. Después de nueve meses de asedio, el rey Tamín comprendió que sus soldados ya no estaban en condiciones de defenderse, así que, cierta mañana, abandonó en secreto su lujoso palacio y se embarcó en un navío con rumbo a Marruecos. Tamín logró ponerse a salvo, pero a costa de un dolor insufrible. Mientras su barco navegaba mar adentro, el rey mantenía la vista clavada en el perfil de su querida Valencia, que se esfumaba a lo lejos como un cerro en la niebla. Si le hubieran arrancado un pedazo del alma, Tamín no habría sentido tanto dolor.

—¡Que Alá maldiga al Cid! —se repetía sin parar.

Pocas horas después, don Rodrigo entró en Valencia a lomos de Babieca y quedó fascinado por la hermosura de sus casas, que relucían con tanta viveza como si se hubieran bebido de un solo sorbo toda la luz del mar Mediterráneo. Al paso del Cid, los naranjos soltaban una lluvia generosa de azahares que perfumaban el aire con un aroma feliz de fruta fresca. Desde las ventanas de sus casas, los valencianos miraban a las tropas del invasor con una mezcla de miedo y alivio. Les agradó comprobar que el Cid no desfilaba por la ciudad con insultante arrogancia, sino con el porte humilde de quien sabe que todas sus victorias son obra de Dios. Sin embargo, nada les sorprendió tanto como la larguísima barba que llevaba el Cid. Oscura como el cielo de la noche, se le desparramaba en ondas sobre el pecho con la fuerza incontenible de un torrente. Hacía casi diez años que don Ro-

drigo no se la cortaba, pues había prometido que se la dejaría crecer sin descanso hasta que el rey don Alfonso tuviera a bien perdonarle.

El Cid fijó su nueva casa en el alcázar de Tamín, un palacio esplendoroso formado por decenas de aposentos donde los techos se sostenían sobre columnas de oro macizo. En el centro del alcázar había un patio inmenso de una belleza conmovedora. Junto a las matas de rosas y los arriates de jazmines, los pavos reales abrían con orgullo el abanico de sus plumas, mientras cientos de palmeras desafiaban al cielo con el filo de sus ramas. En el rincón más agraciado del patio, había un estanque de aguas tranquilas alimentado por cinco caños de plata, y el aire era tan puro alrededor que el Cid sonrió de gozo. Al asomarse al estanque, se vio a sí mismo como en un espejo. Y, aunque le dolió su rostro marcado por los sacrificios de la guerra, reconoció en el fondo de sus ojos el brillo inconfundible de la felicidad: el Cid había encontrado el hogar que buscaba.

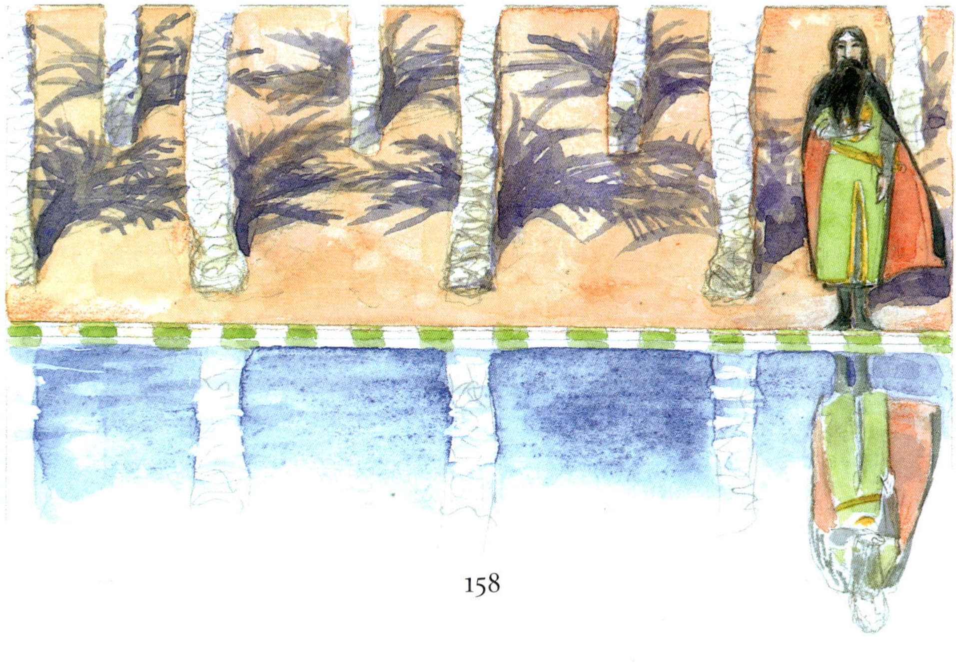

Aquella misma tarde, envió a Álvar Fáñez a Castilla con un nuevo regalo para don Alfonso, pues deseaba que el rey participase del espléndido botín que le había deparado la conquista. Don Alfonso quedó extasiado con los cien caballos que le ofreció Álvar Fáñez, pero lo que desató de veras su entusiasmo fue la noticia de la toma de Valencia. El Cid había llevado a cabo una hazaña tan prodigiosa que era imposible no sentirse emocionado. El buen Minaya notó que la cara del rey se ensanchaba de alegría, y entonces dijo:

—Majestad, don Rodrigo os hace saber que no ha conquistado Valencia en su propio nombre, sino en el vuestro, así que la ciudad os pertenece.

Cuando el rey escuchó aquellas palabras, sus ojos destellaron como polvo de estrellas. En cambio, al conde García Ordóñez, quien se hallaba al pie del trono, se le vio temblar de rabia.

—¡Por lo que se ve —farfulló el conde—, los moros ya no saben luchar como es debido! De lo contrario, el Cid no habría conquistado Valencia con tanta facilidad.

El rey replicó de inmediato. Con gesto severo, miró hacia el conde y le dijo:

—¿Qué estáis murmurando, conde Ordóñez? No habléis mal del Cid, pues salta a la vista que me sirve mucho mejor que vos.

Álvar Fáñez comprendió que algo había cambiado para siempre en el corazón del rey. El Cid seguía en el destierro, pero don Alfonso ya no tenía inconveniente en celebrar sus hazañas en público. Minaya decidió aprovechar aquella circunstancia favorable, de modo que agachó la cabeza ante el rey y dijo con voz firme:

—Majestad, el Cid quisiera pediros un favor… Lo que más desea en este mundo es ver de nuevo a su querida familia, así que os ruega con toda su alma que les permitáis a doña Jimena y a sus hijas salir de Castilla y viajar a Valencia…

El conde Ordóñez se encendió en cólera. ¿Cómo se atrevía el Cid a pedirle favores al rey? ¿Acaso pensaba que, por ser señor de Valencia, se había convertido en el igual de don Alfonso? Loco de indignación, el conde le dirigió a Álvar Fáñez una áspera mirada capaz de levantar ampollas en la piel. El buen Minaya, sin embargo, ni siquiera la notó, pues tenía sus ojos clavados en el rostro del rey. Don Alfonso permanecía hundido en un oscuro silencio, extraviado en sus meditaciones, preguntándose tal vez qué decisión debía tomar. Minaya tuvo la impresión de que había perturbado la alegría del rey y pensó que habría de volver junto al Cid portando malas noticias. Sin embargo, en el momento menos esperado, el rey resolvió sus dudas y dijo con voz solemne:

—Será como pedís. Doña Jimena y sus hijas, así como toda su servidumbre, pueden viajar a Valencia con entera libertad. Ahora mismo ordenaré que les faciliten provisiones para el camino.

Cuando Álvar Fáñez abandonó el salón del trono, estaba tan radiante de alegría que parecía flotar sobre la tierra. La reconciliación del Cid con su rey ya no era un sueño inalcanzable, sino una promesa sólida. Minaya estaba tan ansioso por llegar a Cardeña para contarle lo ocurrido a doña Jimena que montó a toda prisa en su caballo. Pero, justo cuando iba a clavarle las espuelas, oyó una voz dulzona que decía:

—Señor don Álvaro…

Al darse la vuelta, Álvar Fáñez reconoció a don Diego y don Fernando, los hijos del conde de Carrión. Los dos eran de edad similar, y rondaban por entonces los veinte años, si bien conservaban una cara insolente de niños malcriados. Llamaban la atención por la brusca palidez de sus rostros y por la pulcra finura de sus rasgos, que parecían más propios de una dama. En la corte, tenían fama de intrigantes, y bastaba con mirarles a los ojos para comprender que no eran gente de fiar. Por su condición de nobles, los infantes de Carrión[1] habían sido educados para el oficio de la guerra, pero rara vez pisaban un campo de batalla, pues siempre encontraban un buen pretexto para eludir el deber de luchar. Preferían quedarse en la corte jugando al ajedrez, montando a caballo y haciéndose eco de los chismes de la calle. Su gran pasión, en cualquier caso, era vestir a la moda, así que andaban siempre endeudados, pues gastaban en ropa más de lo que tenían. En Burgos se decía que los infantes eran capaces de vender su alma al Diablo por unas cuantas monedas.

—Señor don Álvaro —dijo don Diego con una dulzura celestial que no podía ser sincera—, ¿podríais saludar al Cid de nuestra parte? Decidle que estamos a su entera disposición para cualquier cosa que pueda necesitar…

No había que ser muy astuto para percatarse de las intenciones que albergaban los infantes: lo que deseaban era conquistar el aprecio del Cid para beneficiarse de sus grandes riquezas. Minaya detestaba a las personas interesadas, pero logró disimular su desdén cuando contestó:

—Yo le diré al Campeador que deseáis servirle. Tal vez pronto se ofrecerá alguna batalla en la que podáis ayudarle…

---

1 En época del Cid se llamaba *infantes* a los hijos de condes y otros nobles de alto rango, y no sólo a los descendientes de los reyes. En cuanto a Carrión, es una localidad situada en la actual provincia de Palencia.

Fernando y Diego se cruzaron una mirada de hondo desconcierto. Estaba claro que luchar en las filas del Cid era una posibilidad que no entraba en sus planes. Deseosos de aclarar el malentendido, los infantes echaron a correr a la zaga de don Álvaro, pero no lograron alcanzarle, pues el buen Minaya había partido a todo galope en dirección al monasterio de Cardeña.

Mientras tanto, en Valencia, el Cid se impacientaba. Llevaba diez años apartado de su familia, y se preguntaba con inquietud si volvería a verla alguna vez. Su angustia era tan grande que pasaba buena parte del día asomado al torreón más alto del alcázar, desde donde oteaba el horizonte tratando de encontrar una señal de vida. Pasaron diez días, quince y luego veinte, pero su mujer y sus hijas seguían sin aparecer. ¿Les habría negado el rey el permiso para salir de Castilla? ¿O acaso habían sufrido algún percance inesperado por el camino?

Cierta tarde, don Rodrigo distinguió a lo lejos una multitud de gente a caballo. Al principio pensó que se trataba de un ejército que venía en son de guerra, pero muy pronto comprendió que la cabeza de la tropa no estaba ocupada por guerreros de fiero rostro sino por tres damas de radiante belleza. Loco de felicidad, montó en su caballo y salió a recibir a su mujer y sus hijas con una galopada inolvidable. El propio Babieca parecía compartir su alegría, pues hizo más de quince cabriolas entre relincho y relincho. Jimena y sus hijas venían acompañadas por unas veinte sirvientas y por cerca de cien caballeros, que habían decidido escoltar a las damas hasta Valencia porque querían sumarse a la gloriosa mesnada del Cid.

Don Rodrigo se apeó del caballo y miró fascinado a su mujer y a sus hijas, que venían cargadas de joyas y vestidas como rei-

nas porque Álvar Fáñez había gastado todo su dinero en ataviarlas para la ocasión. Doña Jimena estaba más hermosa que nunca: parecía que los años y las penas, en vez de marchitarla sin remedio, hubiesen trabajado a favor de su belleza. Elvira y Sol, por su parte, se habían convertido en dos adolescentes rebosantes de gracias: eran altas y esbeltas, tenían unos ojos inmensos que parecían capaces de albergar toda la grandeza del mundo, y en sus labios delicados asomaba la risa limpia de la gente de bien. Cuando abrazaron a don Rodrigo, las tres mujeres se echaron a llorar. El Cid las estrechó con toda la fuerza de su cariño desmedido y luego dijo con ternura:

—Vidas de mi vida, almas de mi alma, venid conmigo y veréis la ciudad que ha de ser vuestra casa…

En alas de la alegría, los cuatro desfilaron hacia el interior de la ciudad, seguidos por la nutrida comitiva de soldados, que enarbolaban al viento las banderas de sus lanzas. Jimena y sus hijas quedaron admiradas por las bellezas de Valencia, que les pareció una ciudad acogedora y cálida, empapada de sol y borracha de luz. A mitad de camino, el Cid se detuvo ante la catedral de Santa María y les explicó a sus queridas hijas que, hasta hacía muy poco tiempo, aquel templo había sido una mezquita. Don Rodrigo, sin embargo, la había reconvertido en una iglesia cristiana en la que sus soldados oían misa a diario.

Al fin, al doblar una esquina, apareció el alcázar, y allí se llevó el Cid a sus tres mujeres. Las subió a lo más alto del palacio, para que pudieran contemplar Valencia como debía de verla Dios desde los cielos. Jimena, Sol y Elvira se conmovieron al descubrir a sus pies la inmensa huerta que rodeaba la ciudad, poblada de altas palmeras y frondosos naranjos, y el manto azul del mar, que se extendía hasta el infinito y espejeaba al sol con centelleos de estrella. Todo les pareció tan hermoso que las tres mujeres se deshicieron en lágrimas. No tenían palabras para decir lo que sentían, y su silencio era tan denso que dejaba oír la respiración del mundo. Jimena se arrodilló entonces a los pies de su marido y dijo con un suspiro que le salió del alma:

—¡Qué gran ciudad has conquistado, esposo mío!

En Marruecos, por el contrario, no había alegría posible. El rey Yúsuf acababa de acoger en su corte al desterrado Tamín, y se había conmocionado al saber que Valencia se hallaba en manos cristianas. Movido por la cólera, Yúsuf tomó la decisión más arriesgada de su vida.

—¡Formaré un ejército de cincuenta mil hombres —anunció—, nos embarcaremos con rumbo a Valencia y recobraremos la ciudad por la fuerza de las armas! ¡Por Alá que el maldito Campeador pagará su impiedad!

De ese modo, en los días felices del Cid germinó la semilla de una brusca amenaza. Una mañana, la costa de Valencia amaneció plagada de barcos que navegaban a toda vela con rumbo a tierra firme. Poco rato después, miles de soldados armados hasta los dientes desembarcaron en la playa y acamparon ante los muros de Valencia. Era el mayor ejército que se hubiera visto jamás en las costas de Levante. El Cid, alarmado por sus hombres, subió a lo más alto del alcázar en compañía de su esposa y de sus hijas para observar el despliegue de los guerreros de Yúsuf. A poco más de un tiro de flecha, ondeaban las banderas enemigas, cuya media luna roja parecía pintada con sangre. Doña Jimena se asustó tanto que sus manos empezaron a temblar.

—¡Que el Señor nos socorra! —exclamó.

El Cid, en cambio, ni siquiera se inmutó. Sabía que contaba con un ejército imbatible, y confiaba en salir bien librado de aquel difícil trance, así que le dijo a su esposa:

—No sufras, Jimena, porque mañana mismo derrotaré a esos moros y volveré a tu lado con un magnífico botín. Aunque no lo creas, estoy contento, porque sé que vosotras tres veréis el combate desde aquí arriba y así podréis comprobar con vuestros propios ojos cuánto dolor nos cuesta a los guerreros ganar el pan que comen nuestros hijos.

Valencia está en juego

Faltaba poco para que amaneciera cuando los soldados del Cid entraron en la catedral, pues deseaban asistir a misa antes del combate. El obispo los bendijo con mucho fervor y les aseguró que, si tenían la desgracia de morir batallando, Dios les compensaría de la mejor forma posible: llevándolos de la mano hasta la Gloria. Acabada la misa, el obispo se acercó al Cid y le dijo:

—Campeador, me gustaría acompañaros en la batalla que vais a librar…

El Cid no se sorprendió en absoluto, pues conocía el temperamento aguerrido del obispo. Don Jerónimo había llegado a Valencia a los pocos días de la toma de la ciudad, sin otra intención que conocer al Cid, a quien admiraba sin reservas por la fama de sus hazañas. Justo entonces, don Rodrigo estaba buscando un clérigo a quien nombrar obispo de Valencia, y el padre Jerónimo le pareció la persona idónea para el cargo. En cuanto empezó a tratarlo, comprendió que aquel hombre de carácter vigoroso tenía el alma dividida entre dos pasiones. Por un lado, le encantaba citar la Biblia y hablar de los asuntos de Dios, pero, por el otro, era un entusiasta de las cosas de la guerra, capaz de describir con todo detalle las cien maneras distintas de dar un golpe de espada. Aquella mañana, cuando el Cid estaba a punto de batirse con Yúsuf, el obispo no sólo decidió salir a luchar en persona, sino que le pidió un privilegio a don Rodrigo.

—¿Me concederíais el don de dar los primeros golpes del combate? —preguntó con ansiedad.

El Cid respondió con una sonrisa, así que don Jerónimo se despojó a toda prisa de sus ropas de oficiar, se ciñó la espada al cinto y pidió prestado un caballo de guerra. Poco después, cuando las puertas de Valencia se abrieron para el combate, el obispo salió a todo galope contra las líneas enemigas y alanceó a los moros con tal brío que dejó tras su montura una estela de muertos. A la zaga del clérigo, irrumpieron en el campo de batalla los cuatro mil soldados del Cid, que eran en verdad muy pocos comparados con los cincuenta mil de Yúsuf, pero que mostraron coraje bastante para adueñarse por sí solos del mundo entero. Cuando llegó el mediodía, la victoria ya se había inclinado del bando de los cristianos, y fue entonces cuando el Cid buscó al rey Yúsuf para abatirlo con su propia mano.

Le bastó alzar tres veces su famosa Colada para dejar al moro fuera de combate. El primer golpe destrozó el escudo de Yúsuf, el segundo le quebró la lanza en cinco pedazos, y el tercero, que cayó justo en la mano derecha del rey, hizo saltar por los aires su fulgurante espada. Al ver que Yúsuf quedaba indefenso, el Cid se dispuso a darle el golpe definitivo, así que llevó la Colada tan arriba como si quisiera tocar el cielo con ella. Sin embargo, cuando la espada bajó de las alturas, Yúsuf ya no estaba presente: muerto de miedo, el rey había huido con su caballo lo más lejos posible. Aquella noche, buscó cobijo en un castillo cercano, donde se pasó más de diez días llorando su derrota.

La huida de Yúsuf culminó la victoria de los cristianos, que no dejaron con vida a más de mil soldados moros. El obispo don Jerónimo, que llevaba las manos manchadas de sangre, recogió seis tambores del campamento enemigo y aquella misma noche los dejó a modo de ofrenda frente al altar mayor de la catedral. En cuanto a don Rodrigo, nada más repartir el botín, decidió completar la alegría de sus hombres con una propuesta inesperada.

—Mi esposa —les explicó— tiene más de treinta doncellas a su cargo, y todas están ansiosas de tomar marido...

Los guerreros rieron de buena gana, y el Cid prosiguió en tono animado:

—Os propongo que, quien lo desee, se despose con alguna de esas doncellas, y yo entregaré a cada pareja doscientos marcos de plata como regalo de bodas. Estoy seguro de que Dios premiará a los que se casen con muchos hijos, que serán savia nueva para nuestra querida Valencia.

La propuesta fue tan bien acogida que, al día siguiente, el padre Jerónimo se pasó la mañana oficiando bodas. Valencia entera se convirtió en una fiesta, el vino corrió a raudales y el baile se prolongó hasta bien entrada la noche. Los únicos que no pudieron participar de la alegría de los festejos fueron Pedro Bermúdez y Álvar Fáñez, que se hallaban camino de Castilla. El Cid les había encomendado que le llevasen un nuevo regalo a don Alfonso, testimonio de su arrolladora victoria sobre Yúsuf. Se trataba de una manada de doscientos caballos que el rey recibió con entusiasmo. Es más: don Alfonso agasajó a Fáñez y Bermúdez con un soberbio banquete al que acudieron los principales nobles de la corte.

Durante la comida, todo el mundo elogió el coraje del Cid y se hizo lenguas de la facilidad con que desbarataba las tropas de los moros. Sólo el conde Ordóñez permanecía ajeno a la admiración general, pues refunfuñaba sin descanso:

—¿De dónde diablos sacará el Cid tantos caballos?

Los infantes de Carrión, por su parte, tenían la imaginación puesta en las incontables riquezas que estaba amasando el Campeador. Don Diego pensaba en el sinfín de lujos que podía permitirse un hombre tan adinerado, y envidiaba con toda su alma la fortuna del Cid. Ansioso de riquezas, concibió una idea, y la codicia iluminó sus ojos cuando le dijo a su hermano:

—¿Y si le pedimos al Cid la mano de sus hijas?

Don Fernando ya había barajado aquella posibilidad, pero la había descartado por una cuestión de orgullo.

—¿Es que te has vuelto loco? —replicó con gesto avinagrado—. ¿Cómo nos vamos a casar con las hijas de un simple infanzón? ¡Sería una deshonra rebajarnos tanto!

La ambición, sin embargo, pudo más que el orgullo, así que, al poco, los infantes se presentaron ante el rey para decirle:

—Nos gustaría casarnos con las hijas del Cid… ¿Seríais tan amable, Majestad, de concertar las bodas?

Al oír aquellas palabras, don Alfonso se mostró tan aturdido como si hubiera recibido una pésima noticia. Después de haber desterrado al Cid con tanto rigor, ¿con qué derecho podía pedirle que contentara a los infantes? La situación era comprometida, y el rey maldijo para sus adentros la inoportuna petición de Diego y Fernando. Sin embargo, no quería desairar a los infantes, así que tomó una decisión que iba a cambiar para siempre el destino del Cid. Don Alfonso llamó al buen Minaya y le dijo:

—He decidido perdonar a don Rodrigo. En adelante, yo volveré a ser su rey y él será otra vez mi vasallo. Mi propósito es celebrar unas vistas[1] en las que sellaremos nuestra reconciliación.

El rostro del buen Minaya destelló de felicidad.

—Otra cosa quería deciros —añadió el rey—. Contadle al Cid que los infantes de Carrión desean casarse con sus hijas. Hablaremos del asunto en las vistas, pero os agradecería que avisarais a don Rodrigo de que el matrimonio le conviene, ya que los infantes son gente de alta alcurnia.

Cuando Minaya y Bermúdez llegaron a Valencia y dieron a conocer lo ocurrido en Castilla, el Cid se sintió en el colmo de su felicidad. Después de tantos años de sufrir penalidades, había logrado por fin el perdón de su rey. Don Rodrigo se dijo a sí mismo que todos los sacrificios del destierro habían merecido la pena. La sangre y el sudor derramados en la batalla acababan de cobrar pleno sentido, pues eran las armas con las que el Cid había conseguido recuperar la estima de su rey. En cambio, don Rodrigo no se mostró tan contento cuando supo que don Alfonso pretendía casar a Elvira y Sol. Con gesto contrariado, el Cid le dijo al buen Minaya:

—Los infantes de Carrión son demasiado orgullosos…

Las vistas se celebraron en la ciudad de Toledo, que ya llevaba varios años en manos cristianas. Por disposición del rey, todos los nobles de Castilla tuvieron que acudir al encuentro, así que los caminos se llenaron de caballeros vestidos con sus mejores galas que galopaban en dirección al Tajo. Don Alfonso se presentó acompañado por un séquito de barones y marqueses, y el

1 *vistas*: reunión que sirve para tomar una decisión o fraguar un pacto.

Cid sorprendió a todo el mundo con el aura de poder y riqueza que rodeaba su recia figura. Todas sus prendas tenían adornos de oro, y los cien caballeros que lo escoltaban lucían vistosas capas del mejor terciopelo. Pero lo que más cautivó la atención del rey fue la larguísima barba que llevaba el Cid, símbolo perfecto de la honra que había conquistado aquel caballero ejemplar a fuerza de batirse contra los moros. Más que un infanzón, el Campeador parecía un rey. Sin embargo, delante de don Alfonso, obró con una modestia infinita. Se arrodilló para besarle los pies, y llegó incluso a llorar de alegría.

—Levantaos, Campeador —le dijo don Alfonso—. Besadme las manos, pero no los pies. Os he perdonado de todo corazón y os acojo como uno más de mis vasallos.

En la comida que siguió, el rey y don Rodrigo hablaron de la guerra y la política, la Iglesia y la corte, y abordaron, en fin, todas las luces y las sombras de la vida humana. Sin embargo, al rey se le veía ansioso por dirigir la conversación hacia el asunto que más le interesaba. Cuando el almuerzo concluía, don Alfonso dijo por fin:

—Querría que casarais a vuestras hijas con los infantes de Carrión. Me parece que el casamiento aumentará vuestro honor, y no hace falta que os diga que los infantes lo desean mucho…

El Cid hizo un esfuerzo enorme por disimular su inquietud. Por más que fueran gente de alta cuna, no deseaba a los infantes como yernos. Sin embargo, temía despertar de nuevo la ira del rey, así que decidió acatar sus deseos. Alegó que sus hijas aún eran jóvenes para contraer matrimonio, pero enseguida añadió:

—Puesto que Su Majestad así lo desea, acepto que caséis a mis hijas con los infantes de Carrión.

Las bodas se celebraron en Valencia, y fueron tan esplendorosas como si se estuvieran casando un par de reinas. Las ofició el obispo don Jerónimo en la penumbra de la catedral, y fueron festejadas con quince días de agasajos incesantes. Los banquetes se extendían desde la mañana a la noche, y deslumbraban por igual el paladar y la vista. Cada día, antes del almuerzo, se celebraban brillantes torneos, en los que el Cid y sus hombres exhibían su prodigiosa habilidad en el manejo de las armas. Cuando terminaron las celebraciones, todos los invitados se marcharon diciendo lo mismo: que jamás en la vida lograrían olvidar los buenos ratos que habían pasado en Valencia.

En cambio, la noche en que acabaron las fiestas, el Cid se dejó arrastrar por una extraña pesadumbre. Había visto felices a sus hijas, pero tenía un vago presentimiento de cosas amargas que le estorbaba en el alma. Jimena, que lo vio preocupado, le preguntó a qué venía tanta tristeza, y el Cid le dijo a su esposa:

—No hay duda de que las bodas de Sol y Elvira nos han hecho crecer en honor. Sin embargo, Dios sabe que no he sido yo quien ha casado a mis hijas, sino el rey don Alfonso. Así han sucedido las cosas, y así deben recordarse…

Jimena no entendía muy bien a qué venían aquellas palabras, pero la inesperada justificación del Cid despertó en su corazón el pálpito de una desgracia. Aunque ignoraba lo que estaba por venir, el futuro le pareció de pronto tan incierto y oscuro como la noche que acababa de adueñarse de las tranquilas calles de Valencia.

Los infantes tienen miedo

Dos años pasaron los infantes en la ciudad de Valencia, donde llevaron una vida de lo más regalada gracias a la generosidad sin límites con que el Cid repartía sus riquezas. Don Diego y don Fernando se movían con entera libertad por el alcázar, celebraban fiestas siempre que les venía en gana y recibían un trato afectuoso por parte de todos los hombres del Cid. Es verdad que no se ocupaban demasiado de sus esposas, pero Elvira y Sol eran dos muchachas tan discretas que jamás se quejaban de nada. El Cid estaba contento con sus yernos, y tardó poco en superar los malos presagios que lo habían entristecido en un primer momento. Su casa, en fin, era un remanso de paz en el que la tristeza no tenía cabida. Pero, como ninguna felicidad es eterna, las cosas acabaron por torcerse el día menos pensado y el vergel de la alegría se convirtió de pronto en un yermo de desgracias.

Todo empezó por culpa de un león. En aquel tiempo, los reyes solían tener en sus palacios alguna fiera enjaulada, con la que dejaban maravillados a quienes acudían a visitarlos. Al huir de Valencia, el moro Tamín había dejado en el salón principal de su alcázar una jaula enorme con un león grande y de poderosos miembros. Era un animal de aspecto fiero, con una espesa melena de rizos anaranjados y unos ojos desdeñosos del color del oro. Se pasaba la mayor parte del día durmiendo, pero a veces lanzaba unos roncos rugidos de hambre que turbaban la siesta de las damas de palacio. Cuando el Cid entró en el alcázar por vez primera, quedó tan maravillado por el porte del animal que decidió quedárselo. El mismo mozo que cuidaba de Babieca tenía órdenes de alimentar al león cinco veces al día.

Cierto día, después del almuerzo, don Rodrigo se quedó charlando alrededor de la mesa con sus invitados, entre los que se encontraban sus yernos, el leal Álvar Fáñez, Muño Gustioz y otros tres caballeros. La jaula del león quedaba a veinte o treinta pasos de distancia, pero sus ronquidos se oían a la perfección desde la mesa donde el Cid conversaba con los suyos. La charla era amena, pero no se prolongó mucho, pues casi todos los presentes se dejaron vencer por el sueño. No podía ser de otro modo: era la hora de la siesta, hacía mucho calor, y en todo el alcázar no se oía otra cosa más que el ronroneo del agua en los caños del patio, que sonaba amoroso y dulzón como una canción de cuna.

Sucedió que, justo cuando los hombres se dormían, el león estiró una garra para desperezarse y se puso en pie con un ágil movimiento de gato. Por lo visto, había despertado con ganas de paseo, pues comenzó a dar vueltas alrededor de sí mismo con unos elegantes andares de aristócrata. En uno de sus rodeos, el animal rozó la puerta de la jaula, lo que cualquier otro día no habría tenido ninguna trascendencia. Aquella mañana, sin embargo, el mozo que cuidaba del león se había olvidado de cerrar la jaula, así que, al recibir el golpe de la bestia, la puerta soltó un chirrido de trasto viejo y se abrió de par en par como por arte de magia. De pronto, el león vio que tenía la libertad al alcance, y la novedad le gustó tanto que puso sus cuatro patas fuera de la jaula y comenzó a pasearse por el salón con mucha parsimonia.

En aquel momento, los únicos que permanecían despiertos eran los infantes de Carrión, que chismorreaban al lado del Cid como un par de viudas ociosas. De pronto, les pareció oír un rugido a sus espaldas y, cuando volvieron la cabeza y vieron al león recorriendo el salón a sus anchas, se asustaron tanto que saltaron de sus asientos y comenzaron a decir a voz en grito:

—¡Socorro, socorro, que el león quiere comernos!

Sobresaltados por los gritos, los cinco caballeros del Cid despertaron de golpe. También ellos se sorprendieron al ver al león, pero obraron con mucho más coraje: se pusieron en pie muy poco a poco y se enrollaron sus mantos alrededor del brazo para protegerse de un posible ataque de la fiera. El Cid, en cambio, seguía durmiendo como si tal cosa, pues no había oído los alaridos de los infantes. Álvar Fáñez, al ver que su señor estaba desprotegido, les hizo una seña a los otros caballeros, que escudaron al Cid formando un corro a su alrededor. En cambio, a los infantes de Carrión ya no se les veía por ninguna parte: Fernando se había escondido bajo el asiento del propio Cid, y Diego había escapado de la sala a todo correr dando unos berridos de pánico que no parecían dignos de un hombre hecho y derecho. A falta de un sitio mejor, se escondió tras una vieja viga de lagar,[1] y como la máquina rezumaba grasa por los cuatro costados, acabó pringado de pies a cabeza. Era cosa de verlo: más que el hijo de un conde, parecía un pobre mendigo que no hubiera podido asearse jamás en su vida.

1 *viga de lagar*: máquina grande usada para exprimir la uva o la aceituna.

Por fin, el Cid despertó de su sueño y, al verse rodeado por sus fieles caballeros, preguntó con inquietud:

—¿Qué es lo que pasa?

No hizo falta que nadie respondiera, pues enseguida vio al león con sus propios ojos. Pero, en vez de alarmarse, se incorporó con mucha calma y se dirigió hacia la fiera con una serenidad casi increíble. Se sentía tan seguro de sí mismo que ni siquiera se molestó en enrollarse el manto al brazo. Al contrario: se acercó al león con mucha sangre fría y lo tomó por el pescuezo con la mayor naturalidad. Pero lo más curioso fue que la fiera acató con mansedumbre la autoridad del Cid, pues agachó la cabeza como si fuera un perro de lanas y se dejó conducir hasta la jaula, donde quedó encerrado de nuevo sin que hubiera que lamentar desgracia alguna.

—¿Dónde están mis yernos? —preguntó enseguida el Cid.

Sus caballeros se miraron con cierta inquietud. Comprendieron que, si le contaban la verdad a don Rodrigo, le darían el mayor disgusto de su vida, pues dejarían al descubierto que el Cid había casado a sus hijas con un par de cobardes. Don Rodrigo necesitaba una respuesta tranquilizadora, y Álvar Fáñez, que era hombre de ingenio rápido, la encontró al vuelo.

—Vuestros yernos —dijo con total convicción— ya no estaban aquí cuando el león se ha escapado.

Durante días, no se habló de otra cosa. Los caballeros del Cid explicaban a todas horas lo que habían visto: se recreaban elogiando el valor ejemplar de don Rodrigo, que había afrontado al león sin defensa alguna, y se mondaban de la risa al recordar el terror desaforado de los infantes. Tenían, por supuesto, la cautela de no hablar de aquel par de cobardes delante del Cid, pero, a pesar de todas las precauciones, los infantes acabaron por comprender que se habían convertido en el hazmerreír de toda Valencia. Ciego de rabia, don Diego le llegó a decir a su hermano:

—Lo del león no fue casualidad. Estoy seguro de que el Cid lo soltó a propósito para dejarnos en ridículo.

Mientras tanto, las cosas de la guerra seguían su curso. Incapaces de aceptar la pérdida de Valencia, los moros hicieron un nuevo intento por reconquistar la ciudad. El rey Búcar, que alardeaba de ser el mejor estratega del mundo, se embarcó desde Marruecos con cincuenta mil hombres y plantó su campamento frente a los muros de Valencia. Cuando el Cid vio la multitud de soldados que cercaban la ciudad, le dijo a Álvar Fáñez:

—La vida está siendo generosa conmigo. Esta batalla promete un gran botín, y vamos a conquistarlo como Dios manda.

En cambio, los infantes se echaron a temblar. Cuando subieron a lo alto del alcázar y comprobaron con sus propios ojos que el campamento de Búcar se extendía hasta más allá de donde alcanzaba la vista, estuvieron a punto de quedarse sin aliento.

—¡Si salimos a luchar, no viviremos para contarlo! —se lamentó don Diego.

—¡Qué locura cometimos al pedir la mano de Elvira y Sol! —exclamó su hermano—. ¿Cómo se nos pudo ocurrir casarnos con las hijas de un hombre que no le tiene miedo a nada?

Los infantes se expresaron con tanta sinceridad porque creían que estaban a solas, pero se equivocaron por completo. Muño Gustioz, que era uno de los hombres de confianza del Cid, oyó lo que decían y enseguida pensó: «Si estos dos salen a batallar, don Rodrigo se dará cuenta de que son un par de cobardes y se llevará la mayor decepción de su vida». Gustioz estaba decidido a evitarle el disgusto a su señor, así que acudió en busca del Cid y le dijo:

—Si queréis mi consejo, Campeador, creo que no deberíais poner en peligro la vida de los infantes. Pensad en cuánto sufrirían vuestras hijas si tuvieran la desgracia de quedar viudas…

El Cid se quedó pensativo. Le parecía que batallar contra Búcar era un honor del que los infantes debían participar, pero por nada del mundo deseaba lastimar el corazón de sus hijas, de modo que llamó a sus yernos y les dijo con honda ternura:

—Hijos de mi alma, he pensado que es mejor que no salgáis a batallar. Quedaos en el alcázar, pues no quiero que arriesguéis vuestra valiosa vida.

Las palabras del Cid rebosaban buena fe, pero los infantes, que eran muy quisquillosos, se las tomaron a mal. Don Fernando enrojeció de rabia, y don Diego respondió con el orgullo a flor de piel:

—¿Acaso dudáis de nuestro coraje, señor Cid?

Don Rodrigo quedó aturdido por el arrepentimiento.

—Perdonad si os he molestado —dijo—, pero pensé que…

—Por supuesto que saldremos a combatir —prorrumpió Fernando con un tono de sobrada dignidad—. Los de Carrión tenemos coraje bastante para enfrentarnos al mismísimo Alejandro Magno si hace falta.

La respuesta agradó mucho al Cid, quien se regocijó de haber casado a sus hijas con dos muchachos tan animosos.

—¡Cuánto me alegro de que seáis tan valientes! —exclamó de todo corazón—. ¡Sin duda vais a luchar como leones!

La comparación, por supuesto, no fue del gusto de los infantes, que creyeron encontrar en aquellas palabras un deje malicioso de ironía. Sin embargo, ni don Diego ni don Fernando tuvieron ánimos para decir nada, pues, justo entonces, los moros comenzaron a tañer sus tambores, y lo hicieron con tanta rabia que incluso los barcos atracados en el puerto se balancearon con el eco del estruendo. Los hombres del Cid, que ardían en deseos de luchar, se ciñeron las lorigas a toda prisa y se precipitaron hacia las puertas de Valencia.

El combate comenzó de inmediato. El obispo don Jerónimo fue el primero en abandonar la ciudad, y en la primera embestida derribó a siete caballeros moros, lo que parecía un espléndido presagio de lo que estaba por venir. El Cid mataba a los enemigos de cuatro en cuatro, Martín Antolínez no dejaba una sola cabeza sobre los hombros de nadie y Álvar Fáñez se afanó tanto en la lucha que la sangre le chorreaba por el codo abajo. En un abrir y cerrar de ojos, el campo de batalla se convirtió en un escenario apocalíptico, lleno de cuerpos mutilados, ojos en blanco, corazones sin vida y caballos sin dueño.

Entre los hombres del Cid, los infantes de Carrión fueron los únicos que no brillaron en el combate. Para disimular su cobardía, don Fernando buscó a un enemigo contra el que estrenar sus armas. Tras echar un vistazo a su alrededor, eligió a un moro de barbas trenzadas que llevaba colgada del cuello una enorme cadena de oro. Trató de embestirlo con la lanza, pero, como tenía tanto miedo metido en el cuerpo, el golpe fue a parar muy lejos de donde debía. Muerto de risa, el moro se burló.

—¡Pero si lucháis como un recién nacido! —dijo.

Don Fernando enrojeció de vergüenza, y siguió soltando lanzazos en el vacío. Los daba tan aprisa y con tanto ímpetu que parecía que quisiera coser el aire. Y su torpeza era tan grande que, si el momento hubiera sido menos dramático, también los cristianos se habrían reído. El moro, en cualquier caso, decidió acabar cuanto antes con su inexperto rival. Con un gesto brusco, apuntó su lanza hacia el pecho de don Fernando y se dispuso a atravesarle el corazón. El infante se asustó tanto que no se lo pensó dos veces: en lugar de protegerse con el escudo, volvió la grupa de su caballo y se puso en fuga. Muerto de risa, el moro echó a galopar tras don Fernando al tiempo que le decía:

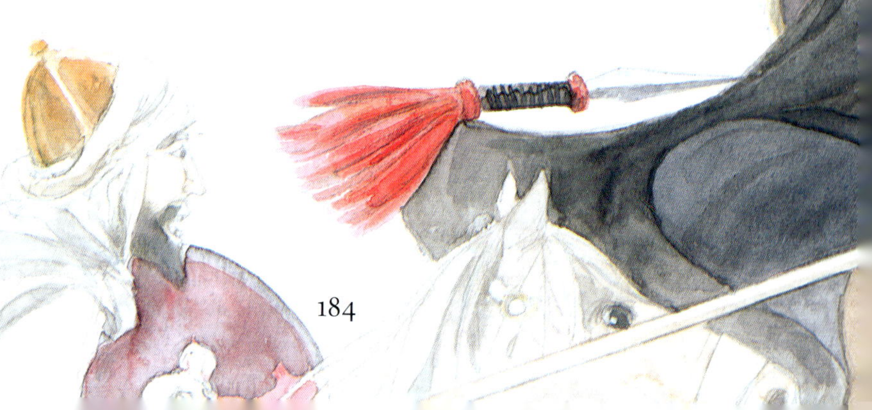

—¡Volved aquí, señor cristiano, que os voy a enseñar a manejar la lanza!

Don Fernando picó a su corcel con toda la fuerza de sus talones, pero la bestia parecía haberse contagiado de la torpeza de su amo, pues avanzó con una lentitud impropia de un animal de guerra. El moro, en cambio, cabalgaba tan aprisa que enseguida tuvo a don Fernando a su alcance. Entonces apuntó la lanza, y ya estaba a punto de atravesar al infante por la espalda cuando de pronto sucedió el milagro. Como un fantasma surgido de la nada, Pedro Bermúdez se cruzó en el camino del moro. Con enorme sangre fría, buscó en el cuerpo de aquel hombre un punto débil por el que abatirlo, y enseguida descubrió que una parte de su cuello estaba desprotegida. Entre el yelmo y la loriga del moro quedaba una parcela de carne indefensa y Bermúdez decidió aprovecharla, así que levantó su lanza con un rápido giro de muñeca y la arrojó con todas sus fuerzas contra la diana elegida. Casi al instante, el arma traspasó la nuez del moro y un brusco chorro de sangre mojó las crines de su caballo. Don Fernando, temblando de miedo, volvió la vista atrás y descubrió con horror el cuerpo muerto de su enemigo, que tenía la lanza clavada en el cuello y el rostro pálido como un aparecido.

—Ya estáis a salvo, don Fernando —dijo Bermúdez.

El infante no tuvo fuerzas para responder. Se sentía tan avergonzado que ni siquiera se atrevió a levantar los ojos. Don Pedro comprendió lo que le estaba pasando y le advirtió en tono afable:

—No sufráis, don Fernando, porque el Cid nunca sabrá por mi boca lo que ha sucedido. Mucho tendríais que ofenderme para que yo explicara lo que acabo de ver.

Por lo demás, los cristianos se impusieron a los moros con una insólita facilidad. Búcar comprobó que sus soldados estaban muriendo por cientos, y sus esperanzas de victoria naufragaron para siempre en sangre. Los caballeros de la época solían decir que era preferible morir en la batalla que salvarse en la huida, pero Búcar no parecía compartir aquella opinión, pues decidió ponerse en fuga para salvar su propio pellejo. El Cid, sin embargo, quería castigarlo con severidad, así que espoleó a su fiel Babieca y echó a galopar tras los pasos de Búcar.

—¿Por qué huyes? —le gritó mientras le iba a la zaga—. ¿Acaso no quieres que seamos amigos?

Búcar, muerto de miedo, volvió la cabeza y respondió con voz temblorosa:

—¡Que el cielo maldiga vuestra amistad! ¡Y que Alá os confunda por mostraros tan cruel con mis hombres!

Tras mucho cabalgar, Búcar llegó hasta la playa, donde el mar formaba una barrera que impedía toda posibilidad de huida. Su caballo relinchó de miedo y se detuvo en seco, y el rey comprendió con pesar que ya no había esperanza posible. De pronto, su rostro moreno adquirió un semblante de honda resignación. Búcar sabía que iba a morir, y aceptó su destino. En lugar de esquivar al Cid, permaneció impasible donde estaba. Al poco, Babieca pisó la orilla del mar, y don Rodrigo se detuvo. Tenía a Búcar delante de sus ojos, inmóvil como una estatua, y el Cid no tuvo piedad: levantó su espada hasta lo más alto y descargó un golpe terrible sobre la cabeza del rey. La hoja de la Colada atravesó el yelmo del moro con la facilidad con que un arado se hunde en la tierra y partió el cuerpo de Búcar en dos mitades desde el cráneo a la cintura. Los restos del moro cayeron al agua, y a los pies

de su cuerpo demediado, mojada por la espuma de las olas, quedó su brillante espada, la espléndida Tizona, que valía por lo menos mil marcos de oro. Era un trofeo magnífico, y el Cid se agachó a recogerlo.

—Por un arma como ésta —se dijo—, merece la pena arriesgar la vida.

Se sentía feliz, y no era para menos, pues había obtenido una gloriosa victoria. Sus soldados, locos de alegría, saqueaban con mucho afán el campamento moro, donde encontraron un sinfín de objetos de incalculable valor. En el bando cristiano, los únicos que no sonreían eran los infantes de Carrión, que parecían haber sufrido una humillación terrible. Al contrario que los demás, no llevaban en sus ropas ni una sola mancha de sangre, lo que demostraba que se habían arriesgado muy poco en la batalla. Don Rodrigo, sin embargo, no reparó en su pulcritud y, cuando se cruzó con ellos, les dijo en tono triunfal:

—Acercaos, hijos míos, y alegraos de esta victoria, porque muy pronto se sabrá en Carrión lo bien que habéis luchado.

El Cid pronunció aquellas palabras sin malicia alguna, pero los infantes pensaron que las había dicho en son de burla, y se enojaron mucho. El enfado se les pasó cuando el Cid les entregó su parte del botín, pero los dos volvieron a torcer el gesto cuando advirtieron que los caballeros de don Rodrigo se reían por lo bajo. Como los infantes habían hecho un papel penoso en la batalla, los hombres del Cid los convirtieron en blanco de sus burlas. Don Diego, rojo de cólera, le dijo a su hermano:

—Empiezo a cansarme de tantas risas. Primero fue lo del león, y ahora nos humillan con el maldito asunto de la batalla…

—¡Aquí no pintamos nada! —exclamó don Fernando—. ¡Volvámonos a Carrión con el dinero que hemos ganado, que es bastante para vivir sin penas durante el resto de nuestra vida!

—Me parece buena idea. Le diremos al Cid que nos llevamos a sus hijas para mostrarles las tierras que tenemos en Carrión, y ya veremos lo que hacemos con ellas por el camino.

Los infantes sonrieron, y sus ojos destellaron con un brillo diabólico. Sin decírselo, los dos habían pensado lo mismo, y ya saboreaban el placer de la venganza.

—Nos cobraremos las humillaciones al precio más alto —afirmó don Diego—. ¡Pobre señor Cid, le vamos a hacer sufrir tanto que acabará por llorar lágrimas de sangre!

La afrenta de Corpes

El Cid, que quería a sus yernos de todo corazón, no puso impedimento alguno para que los infantes se llevaran a Sol y Elvira a su tierra. Al contrario: se afanó en preparar el viaje con todo detalle a fin de que fuese lo más cómodo y placentero posible. Organizó una excelente comitiva de criados para que sirvieran a sus hijas por el camino y les facilitó a sus yernos un par de caballos árabes, de dócil temperamento y porte vigoroso, que parecían capaces de llegar sin apenas esfuerzo hasta los últimos confines del mundo. Es más: cuando llegó la hora de la despedida, el Cid se acercó a los infantes para hacerles un regalo excepcional. Sacó las temibles Colada y Tizona, las tendió hacia sus yernos y dijo:

—Aquí tenéis, infantes, los dos trofeos de guerra que más aprecio. Los pongo en vuestras manos con la misma confianza con que os entrego a mis hijas. Cuidad de Elvira y Sol, por piedad, pues son lo que más quiero en este mundo. Si lo hacéis, os aseguro que siempre encontraréis dinero en mis manos y afecto en mis entrañas.

Cientos de personas salieron a la calle para despedir a las hijas del Cid. Aun sin conocerlas, algunos les tenían tanto aprecio que lloraban de tristeza al saber que se iban. Elvira y Sol parecían algo apenadas, pero era natural, pues tenían que separarse de sus padres por primera vez en mucho tiempo. Las dos muchachas se arrodillaron ante el Cid con gesto serio, y doña Elvira susurró sollozando:

—Dios quiera que volvamos a vernos pronto.

Cuando don Rodrigo abrazó a sus hijas, sintió que su corazón se desbordaba de tristeza y notó los ojos empañados por una niebla de lágrimas. En aquel momento, Jimena pareció más fuerte que su esposo, pues miró a sus hijas con serenidad y les dijo con mucho ánimo:

—Id en buena hora, hijas de mi alma. Seguro que en Carrión os tratarán muy bien.

Elvira y Sol besaron las manos de sus padres y partieron a lomos de sus yeguas, acompañadas por sus esposos y por la impresionante comitiva que había organizado el Cid. Mientras se alejaban, las dos muchachas echaron la vista atrás varias veces, y fue entonces cuando don Rodrigo sintió en el estómago el incómodo hormigueo de un mal presagio. Algo le hacía temer por sus hijas, así que llamó a su sobrino Félez Muñoz y le dijo:

—Toma un caballo y vete tras Elvira y Sol. Acompáñalas hasta Carrión y luego vuelve para contarme cómo han llegado.

Al poco, los infantes y sus mujeres se perdieron de vista por la fértil huerta de Valencia. Como si tuvieran mucha prisa, viajaron sin descanso hasta el anochecer, y lo mismo hicieron en los días siguientes. Cierta tarde, llegaron a Molina de Aragón,[1] donde gobernaba un viejo amigo del Cid. Se trataba de un moro comedido y amable llamado Abengalbón, quien decidió hospedar

1 Molina de Aragón se encuentra en la actual provincia de Guadalajara.

a los viajeros en su propio palacio. Es más: a la mañana siguiente, los escoltó en persona con sus doscientos mejores caballeros. Convencido de que la ocasión lo merecía, Abengalbón se engalanó con sus mejores joyas: cabalgaba con un arete de oro en cada oreja, diez o doce sortijas en los dedos y un collar de más de cincuenta perlas que deslumbraba con su brillo a las alondras del campo. Los infantes quedaron tan impresionados por la riqueza del gobernador que, en un alto del camino, don Fernando le susurró a su hermano:

—Por lo que parece, el moro nada en la abundancia...

Don Diego asintió con la cabeza y replicó con descaro:

—¿Por qué no le cortamos el cuello tras esos árboles y nos quedamos con todas las joyas que lleva encima?

Lo dijo casi sin pensarlo, y sin duda no lo hubiera dicho de haberlo meditado con cierta calma. El caso es que sus palabras tuvieron consecuencias, pues uno de los criados de Abengalbón oyó lo que decía don Diego y acudió a toda prisa a contárselo a su señor. Cuando Abengalbón supo lo que tramaban los infantes, sus ojos grandes del color del cobre se alborotaron con las llamas de la cólera. Loco de rabia, el moro se plantó ante los dos jóvenes y les dijo con ciego enojo:

—¡Por Alá que sois hombres ingratos! Me he deshecho en atenciones con vosotros, ¿y os dedicáis a planear mi muerte? ¡Si no fuera porque sois yernos de mi amigo el Cid, os arrancaría los ojos ahora mismo y se los echaría a los cuervos! ¡Aquí os dejo, malditos, y me vuelvo a Molina con mis soldados, pues no merecéis que os escolte! ¡Sólo Alá sabe el enorme dolor que siento por el Cid! ¡Ojalá que nunca haya de arrepentirse de haber casado a sus hijas con dos hombres tan despreciables!

Sin esperar un instante más, Abengalbón se dio media vuelta y se marchó a la cabeza de sus hombres. Elvira y Sol lo vieron partir y quedaron de lo más inquietas, pues no comprendían qué podía haber pasado para que el moro se fuera tan de improviso. En cambio, los infantes no mostraron la menor tristeza por la marcha de Abengalbón, pues siguieron su camino como si tal cosa. Es más, don Diego exclamó:

—¡Menos mal que nos hemos librado del moro! ¡Que se vuelva a Molina con sus joyas de medio pelo!

Los infantes y su comitiva dejaron a la izquierda el imponente peñón de Atienza, sobrepasaron la villa de San Esteban de Gormaz[2] y entraron al fin en el robledo de Corpes, un bosque oscuro y húmedo donde los árboles eran tan altos que se enzarzaban con las nubes y el ramaje tan denso que apenas si dejaba pasar el sol. En mitad del robledo, había un ameno vergel donde manaba un arroyo de aguas mansas, y fue allí donde los infantes mandaron plantar sus tiendas para pasar la noche.

El lugar parecía tranquilo, pero, apenas cayó el sol, comenzaron a oírse extraños rumores: los jabalíes removían la hojarasca y los lobos aullaban muy cerca. Asustados, los infantes le suplicaron a Dios que trajera la mañana lo antes posible. La claridad se hizo esperar, pero, en cuanto el sol comenzó a planear sobre los árboles, don Diego y su hermano abandonaron sus tiendas y les ordenaron a sus criados:

—Recoged el campamento, cargad las mulas y seguid el camino, que pronto os alcanzaremos. Nosotros vamos a quedar-

2 Atienza se halla en la actual provincia de Guadalajara, mientras que San Esteban de Gormaz pertenece a la de Soria.

nos un rato en este ameno vergel con nuestras esposas, pues nos apetece conversar a solas con ellas.

Los infantes habían maquinado un plan y estaban ansiosos por llevarlo a cabo. En cuanto la comitiva de criados se perdió a lo lejos, los dos hermanos sonrieron con malicia: había llegado la hora de la verdad. Entonces, don Diego y don Fernando se plantaron delante de sus mujeres y les soltaron con crudeza:

—¡Preparaos, porque vais a recibir lo que merecéis!

Doña Elvira y doña Sol quedaron muy desconcertadas. Como sus esposos habían llevado su desdén tan en secreto, las dos muchachas no podían sospechar lo que estaba a punto de ocurrir. Los infantes las agarraron con rabia por las muñecas y les quitaron la ropa a tirones hasta dejarlas casi desnudas. Luego, cogieron unas duras cinchas de cuero y las empuñaron con gesto amenazante. El rencor llameaba con tanta fuerza en sus ojos que doña Sol gritó aterrorizada:

—¡No nos hagáis daño, por piedad!

Pero la súplica fue inútil. Los infantes levantaron las cinchas con toda su fuerza y empezaron a azotar a sus mujeres sin tregua ni cuartel. Lo mismo les cruzaban la cara que les golpeaban el pecho, tan pronto les marcaban los brazos como les dejaban los muslos en carne viva. Las hijas del Cid soportaron los golpes con una entereza inesperada. Más que los azotes, les dolía la infame villanía que estaban cometiendo sus esposos. Doña Elvira se sintió tan desgraciada que llegó a decir:

—¡Sacad la Colada y la Tizona y cortadnos la cabeza de una vez, pues preferimos morir como hidalgas a ser deshonradas como villanas!

—¡Callad —gritó don Diego—, porque os merecéis estos azotes y mil más! ¡Vuestro padre se burló de nosotros con lo del león, así que es justo que tomemos venganza!

La paliza duró cerca de una hora. Cuando los infantes se cansaron de azotar a sus mujeres con las hebillas de las cinchas, les desgarraron las camisas y les patearon el vientre y la espalda con la punta de sus espuelas. El cuerpo de las dos muchachas quedó en carne viva, y la seda de los briales,[3] blanca al principio, se volvió roja a fuerza de empapar sangre. Elvira y Sol rezaban por que su padre apareciera en el robledo, pero el Cid estaba demasiado lejos para atajar la afrenta.[4] A fuerza de tanto sufrir, llegó un momento en que las dos muchachas apenas sentían los golpes, y poco después se desmayaron. Don Fernando se detuvo un instante y, sin soltar la cincha, concluyó:

—Están muertas.

Don Diego asintió con la cabeza.

—Sí que lo están —dijo—. Ya podemos irnos. Que se las coman los lobos o que se pudran al pie de estos árboles.

—¡Nunca debimos casarnos con este par de barraganas![5]

—¡Cuánta razón tienes! ¡Las hijas de un infanzón son muy poca cosa para alguien de nuestro linaje!

Mientras tanto, Félez Muñoz, el sobrino del Cid, iba camino adelante con los demás, tal como habían ordenado los infantes.

---

3 *brial*: especie de túnica que se llevaba ceñida a la cintura.

4 *afrenta*: deshonra, ofensa grave.

5 *barragana*: mujer que vive con un hombre que no es su esposo.

El corazón, sin embargo, le decía que algo grave estaba pasando a sus espaldas, así que decidió apartarse del grupo y volver hacia atrás. Al poco, entró de nuevo en la espesura del robledo y se escondió detrás de unos árboles para esperar a sus primas. Aguardó durante un buen rato, en el que no oyó otra cosa más que el batir de alas de los cuervos en las copas de los árboles y el siseo de las culebras al deslizarse sobre la hierba húmeda. ¿Por qué tardaban tanto los infantes? ¿Acaso habían decidido volverse a Valencia con sus mujeres? A Félez Muñoz se lo comían las dudas, y la espera se le estaba haciendo eterna. Pensó que nunca iba a pasar nada, pero, cuando ya bordeaba la desesperación, oyó de pronto el trote de unos caballos. Desde su escondrijo, Félez Muñoz divisó a los infantes, que venían cabalgando con una cara de profunda satisfacción. Cuando los dos hermanos se acercaron, se les oyó decir:

—¡Buenos golpes les hemos dado!

—¡Ahí se quedan esas dos bellacas! ¡Dios quiera que no volvamos a verlas jamás en la vida!

Al oír aquello, Félez Muñoz se sintió más inquieto que nunca. ¿Qué habría pasado? ¿Dónde estaban Elvira y Sol? Félez esperó a que los infantes se alejaran y, en cuanto los perdió de vista, salió de su escondite. Enseguida descubrió un rastro de sangre en el suelo, que don Diego y su hermano habían dejado al pasar. Félez se agitó de puro miedo. Sin bajar de su caballo, siguió la senda de la sangre tan aprisa como pudo, y al poco alcanzó el vergel donde habían acampado aquella noche. Cuando vio a sus primas, su cara dulce se deformó de golpe por obra del terror. Sol y Elvira estaban apoyadas contra unos árboles, casi desnudas, con la carne acribillada de heridas y el cuerpo ensangrentado de pies a cabeza. No se movían, así que Félez Muñoz las dio por muertas. Con el corazón roto de pena, saltó del caballo, se acercó a las dos muchachas y dijo:

—Primas mías, ¿qué os han hecho? ¡Malditos sean mil veces los infantes por haberos tratado con tanta crueldad!

Félez Muñoz se pasó un buen rato lamentándose mientras sus ojos claros se deshacían en lágrimas. Doña Elvira y doña Sol, en cambio, permanecían hundidas en un oscuro silencio. Pero de pronto, cuando todo parecía perdido, las muchachas se recobraron de su desmayo y preguntaron con un hilo de voz:

—¿Dónde estamos?

Enseguida recordaron lo sucedido, y entonces se sintieron tan apenadas que rompieron a llorar sin consuelo. Félez Muñoz se arrodilló ante las muchachas y les suplicó con angustia:

—¡Levantaos, primas, y salgamos del robledo cuanto antes! Hay montones de fieras merodeando por aquí y, en cuanto huelan vuestra sangre, acudirán enloquecidas. ¡Poneos en pie, por piedad, porque los infantes acabarán por echarme en falta y vendrán corriendo a matarme!

Doña Sol se incorporó un poco y murmuró:

—Traedme un poco de agua, por piedad.

Félez Muñoz había estrenado aquel día el sombrero que lucía en la cabeza, pero no dudó en meterlo en el arroyo para llenarlo de agua. Tanto daba que se estropease: lo importante era salvar a sus primas. Doña Sol tomó el sombrero con dedos temblorosos, se lo llevó a los labios y lo apuró hasta la última gota. También doña Elvira tenía sed, así que su primo llenó el sombrero por segunda vez. Gracias al agua, las dos muchachas empezaron a recuperar fuerzas, y entonces Félez Muñoz las levantó en brazos

de una en una, las subió a su caballo y las cubrió con su propio manto mientras les decía con honda ternura:

—No sufráis, pues vuestro padre castigará a los infantes como Dios manda.

Luego, Félez Muñoz tomó el caballo por el ronzal[6] y lo condujo durante un buen rato por entre los robles hasta sacarlo a campo abierto. Cuando salieron del bosque, ya se había puesto el sol. El joven Félez llevó a sus primas a San Esteban de Gormaz, donde les curaron las heridas y les dieron cobijo. Nadie se explicaba por qué los infantes habían tratado de forma tan bárbara a las hijas del Cid. El caso era escandaloso y corrió de boca en boca: se divulgó a toda prisa por los pueblos de los alrededores, alcanzó enseguida los rincones más remotos de Castilla y llegó incluso a la distante ciudad de Valencia.

Cuando el Cid supo lo que había sucedido, sintió que el alma se le quebraba en pedazos. No lograba entender lo ocurrido, y se culpó mil veces por haber aceptado que sus hijas se casaran con los infantes. El Cid se pasó un buen rato sumido en una profunda meditación, y al cabo se acarició los mechones que le colgaban de la cara, y anunció con voz firme:

—Juro por esta barba que nadie ha mesado[7] que la afrenta de Corpes tendrá la justa venganza que reclama.

Así dijo, y en breve tiempo cumplió su promesa.

6 *ronzal*: cuerda que se ata a la cabeza del caballo para sujetarlo o conducirlo.

7 *mesar*: 'tirar'. En la Edad Media, un tirón de las barbas era una de las mayores deshonras que podía sufrir un caballero.

La luz de la justicia

La noche había arrojado sus sombras sobre Burgos, y un viento enloquecido silbaba en las almenas del palacio real. Recluido en sus aposentos, don Alfonso daba vueltas alrededor de sí mismo como un condenado a muerte en la víspera de su ejecución. Acababa de recibir una noticia terrible y se resistía a creerla. ¿De veras los infantes habían apaleado a las hijas del Cid? ¿Acaso ignoraban que el principal deber de un caballero es proteger a las damas? Con su innoble actitud, los infantes habían deshonrado a don Rodrigo, y era probable que el Cid respondiera con un sangriento ajuste de cuentas. Don Alfonso sentía tal desasosiego en el alma que aquella noche no logró dormir. «Sólo Dios sabe cuántas desgracias traerá consigo la afrenta de Corpes», se dijo a sí mismo cuando ya alboreaba.

Por suerte, las noticias de la mañana siguiente fueron tranquilizadoras. Muño Gustioz llegó a Burgos con un mensaje de parte del Cid, que don Alfonso escuchó con ansioso interés.

—Majestad —dijo Gustioz—, mi señor os pide que celebréis unas vistas para hacerle pública justicia.

Don Alfonso se admiró una y mil veces de la ejemplar mesura del Cid. Cualquier otro en su lugar habría salido en busca de los infantes para acuchillarlos sin piedad con sus propias manos. Por el contrario, don Rodrigo prefería pedir justicia al rey en lugar de vengarse por sí mismo.

—Por supuesto que organizaré unas vistas —anunció el rey—. Puedes volverte a Valencia para decírselo a tu señor.

Las vistas se celebraron en Toledo al cabo de dos meses, en el salón principal del palacio de Galiana, un edificio de estilo árabe que alzaba su dorada silueta a orillas del Tajo. Don Alfonso había decretado que todos los nobles de Castilla debían asistir a las vistas, pues de lo contrario serían castigados con pena de destierro. El Cid llegó a Toledo acompañado por sus cien mejores caballeros y vestido con ropas magníficas que pregonaban a gritos su riqueza. Se había puesto una camisa de hilo con broches de oro e iba cubierto con una piel del color de la sangre que le daba un aspecto de hombre feroz. Como sabía que en las vistas toparía con muchos enemigos, había tomado dos precauciones para evitar que nadie le mesara el cabello o la barba: se había cubierto la cabeza con un capillo[1] de hilo, y se había atado la barba con un cordón, lo que le infundía a su cara un aire temible de hombre impío. Mientras las barbas de todos los demás lucían sueltas, la del Cid aparecía maciza y desafiante como un asta de lanza.

Cuando don Rodrigo entró en el palacio de Galiana, el rey le brindó un cálido recibimiento. El Cid se sentó en un escaño[2] labrado en dura madera de nogal, y alrededor quedaron de pie sus caballeros, con la actitud vigilante de un buen guardián. Al otro lado, se encontraban los infantes y sus partidarios, que cuchicheaban con aire despectivo, y en el centro quedó don Alfon-

1 *capillo*: especie de capucha de lienzo.

2 *escaño*: asiento.

so, sentado en su trono. En toda la sala se respiraba una tensión casi asfixiante.

De pronto, el rey miró hacia el Cid y dijo:

—Haced vuestra demanda,[3] Campeador.

Don Rodrigo se levantó poco a poco y declaró con voz grave:

—De todos los pecados que puede cometer un hombre, ninguno es tan detestable como la ingratitud. Así me lo han demostrado los infantes de Carrión, quienes han pagado mi afecto con la moneda de la mala fe. La afrenta de Corpes ha manchado mi honor, así que he venido a estas vistas con la esperanza de que Su Majestad ilumine el abismo de mi deshonra con la luz de su justicia.

Los infantes de Carrión escucharon aquellas palabras fingiendo una absoluta indiferencia. Aunque el Cid era un enemigo poderoso, se sentían animados, pues sabían que contaban con muchos partidarios en el salón. Confiaban, sobre todo, en el conde García Ordóñez, que les había prometido un apoyo sin condiciones porque odiaba al Cid con todas sus fuerzas. El conde le echó a don Rodrigo una mirada rencorosa, pero el Cid no se inmutó, pues siguió hablando con la imperturbable serenidad que acompaña siempre a los héroes.

—Cuando los infantes salieron de Valencia —dijo—, les regalé mis dos mejores espadas, la Colada y la Tizona, por las que siento auténtica adoración, ya que no las gané mercadeando en una feria sino luchando a sangre y fuego contra dos fieros enemigos. Los infantes, sin embargo, han defraudado mi amistad, así que les exijo que me devuelvan las espadas de inmediato.

3 *demanda*: petición que hace el ofendido en un juicio.

Don Diego y don Fernando, que hasta entonces se habían mostrado impasibles, saltaron de repente de sus asientos.

—¡Las espadas son nuestras! —protestó don Diego.

—¡El Cid nos las regaló, y no tiene ningún derecho a quitárnoslas! —alegó don Fernando.

Los infantes estaban convencidos de que el rey les daría la razón, pues, a fin de cuentas, un infanzón como don Rodrigo era muy poca cosa al lado de los hijos de un conde. Sin embargo, don Alfonso sentenció con aspereza:

—La demanda del Cid es justa.

Los infantes se miraron entre sí con hondo desconcierto.

—¡No pensamos devolver las espadas! —declararon.

El conde García Ordóñez, sin embargo, les aconsejó en voz baja que entregaran la Colada y la Tizona.

—Si lo hacéis —les dijo—, el Cid quedará satisfecho y las vistas acabarán de inmediato.

Fue un argumento decisivo. En realidad, los infantes habían hecho todo lo posible por no acudir a las vistas, así que accedieron a entregar la Colada y la Tizona tal y como exigía el Cid. Cuando sacaron las espadas de sus vainas, sus pomos de oro dejaron en el aire un deslumbrante rayo de luz. Martín Antolínez se encargó de recoger las dos armas y se las entregó al Cid, quien las miró con el sincero afecto de quien recobra de pronto a un viejo amigo. Sin embargo, estaba lejos de sentirse satisfecho, pues volvió a levantarse y dijo:

—Cuando los infantes salieron de Valencia, no sólo les entregué mis espadas más queridas, sino que añadí tres mil marcos en oro y plata. Tras la afrenta de Corpes, demando que me devuelvan ese dinero…

Los infantes no podían creerse lo que estaban oyendo.

—¡Pero si ya tiene las espadas! —le dijo don Diego al rey.

—¿Acaso el Cid se cree con derecho a exigir todo lo que le venga en gana? —exclamó don Fernando.

Las quejas de los infantes duraron más de una hora. Mientras ellos protestaban, los hombres del Cid trataban de mantener la calma. Álvar Fáñez miraba el dorado reguero de luz que el sol dejaba en el techo del salón, y el obispo don Jerónimo se abrillantaba las uñas para dejar bien claro que no prestaba la menor atención a los infantes. Don Alfonso, por su parte, demostró una paciencia infinita, si bien no cedió ni un solo palmo de terreno.

—La demanda del Cid es justa —insistía a cada instante—, así que no hay más que hablar.

Al fin, viéndose acorralado, el infante don Fernando confesó la verdad con un hilo de voz. Muerto de vergüenza, dijo:

—Lo cierto es que nos hemos gastado el dinero…

En el salón resonó una larga exclamación de asombro. ¿De verdad los infantes se habían gastado tres mil marcos en tan poco tiempo? Para apaciguar el escándalo, don Diego se explicó:

—Hemos gastado el dinero en cosas que necesita todo caballero de alto rango: briales de seda, sortijas, banquetes…

El rostro del rey resplandeció de serenidad.

—Entonces, ¿cuál es el problema? —dijo—. Seguro que el Cid aceptará como pago los caballos y las joyas que habéis comprado con su dinero…

A los infantes no les quedó, pues, otro remedio que pagar, y el Cid exigió que lo hicieran de inmediato. Para saldar su deuda, don Diego y don Fernando les pidieron a sus partidarios que les prestasen todas las cosas de valor que tuvieran a mano. Unos dejaron a las puertas del palacio caballos y mulas de alto precio, y otros fueron amontonando ante el trono del rey sillas de montar y anillos de plata, yelmos de hierro y tahalíes de cuero...[4] García Ordóñez aportó el collar de oro que llevaba colgado sobre el pecho y se deshizo con dolor de sus espuelas guarnecidas de diamantes. Los infantes suspiraban de pena cada vez que alguien dejaba una joya ante el trono, pero, cuando lo reunido montó la suma de tres mil marcos, respiraron aliviados, pues pensaban que las vistas habían tocado a su fin. El Cid, sin embargo, volvió a ponerse en pie y dijo con voz de trueno:

—Ya he recobrado los regalos que les hice a mis yernos, pero todavía tengo pendiente una demanda, y es la mayor de todas. Decidme, infantes, si no queríais a mis hijas, ¿por qué os las llevasteis? ¿Qué mal os hice, perros traicioneros, para que me desgarraseis el corazón? ¡Habéis derramado la sangre de mis hijas y es justo que yo limpie mi honor derramando la vuestra! Así que os desafío, infantes. ¡Lucharemos espada contra espada, y os haré pagar cara vuestra indigna traición!

Los infantes se hundieron en un tenso silencio. Luchar contra el Cid era el peor castigo que podían imaginarse, así que se quedaron mudos de terror. Se les vio tan desamparados que el conde García Ordóñez decidió echarles una mano y salió como una sombra desde detrás de los infantes para decirle al rey:

—Majestad, don Diego y don Fernando son hombres de alta cuna, así que no pueden tener por esposas a las hijas de un mísero infanzón. ¡Doña Elvira y doña Sol no les sirven ni siquiera como barraganas! ¿Qué tiene, pues, de extraño que los infantes

4 *tahalí*: tira que se cuelga del hombro y que sirve para llevar la espada a cuestas.

las abandonasen? ¡Olvidémonos del Cid, Majestad, pues no pretende otra cosa más que avasallarnos! ¡Pero si incluso se ha recogido la barba para meternos miedo…!

Al oír aquello, el Cid pareció alterarse por vez primera. Su ceño se contrajo en mil arrugas de enojo y sus pupilas chispearon como lenguas de fuego.

—¿Qué tenéis contra mi barba, conde Ordóñez? —exclamó don Rodrigo—. Debéis saber que la llevo con el mayor orgullo, pues nunca ha sido mesada por nadie. Por desgracia, vos no podéis decir lo mismo...

Fue un dardo certero que hizo daño donde debía. Como sabía muy bien lo que quería decir el Cid, el conde García Ordóñez enrojeció de vergüenza. En los primeros años del reinado de don Alfonso, había luchado contra el Cid en los alrededores de Córdoba. La batalla había sido dura, y García Ordóñez se había recluido con sus últimos soldados en el castillo de Cabra. El Cid, para completar su victoria, había perseguido a don García hasta el último rincón de la fortaleza y lo había castigado mesándole la barba. El conde, dolorido por aquel recuerdo, no acertó a decir nada, y entonces fue el joven don Diego quien lo relevó en sus ataques. Encarándose con el Cid, el infante dijo:

—¡Basta ya, Campeador! ¿Acaso no habéis oído al conde? ¡Los de Carrión somos gente ilustre, así que tenemos que casarnos con las hijas de un rey, y no con las de un simple infanzón! ¡Elvira y Sol son una deshonra para nuestro linaje!

La ofensa era grave, y alguien, a las espaldas del Cid, replicó diciendo:

—¡Mientes, maldito don Fernando!

El hombre que hablaba era Pedro Bermúdez, el sobrino del Cid. Por culpa de su invencible timidez, Bermúdez solía tartamudear cada vez que hablaba en público, pero aquel día la indignación debió de servirle de maestra, pues don Pedro no se trabó ni una sola vez al decir:

—Sois vosotros, los infantes, los que habéis deshonrado a mi tío con vuestra innoble cobardía. ¿O es que no recuerdas, maldito Fernando, cómo te comportaste cuando el león del Cid se escapó de su jaula? ¿Acaso has olvidado que te escondiste bajo el escaño del Campeador mientras tu hermano escapaba a todo correr como un perro faldero?

La imagen era tan ridícula que en la sala estalló una gran carcajada. Incluso algunos partidarios de los infantes se echaron a reír. Don Diego y su hermano, en cambio, agacharon la cabeza.

—¡Te desafío, Fernando! —concluyó Bermúdez—. ¡Lucharemos cara a cara, y te haré confesar que eres tan cobarde como digo!

—¡Y yo te desafío a ti, don Diego! —añadió enseguida Martín Antolínez—. ¡Apretaré mi espada contra tu garganta, y te arrepentirás de todo el daño que les hiciste a las hijas del Cid!

Tras aquellos dos retos, un enorme silencio se adueñó del salón. Los infantes tenían que responder al desafío, pero no abrieron la boca. La tensa espera empezaba a hacerse eterna cuando, de pronto, alguien entró en la sala diciendo:

—Señores de la corte, ¿a qué vienen estas vistas?

Quienes volvieron la cabeza reconocieron al instante a Asur González, el tío de don Diego y don Fernando. Don Asur era un hombre poco agraciado, que tenía la nariz abombada, los ojos asimétricos y una boca torcida en la que no quedaba más diente que un colmillo verdoso y arqueado. Sin embargo, lo peor eran sus modales, pues don Asur se manejaba con la insolencia de quien se cree dueño de toda razón. Aquel día, se había pasado sin duda varias horas en la taberna, pues traía las mejillas coloradas y arrastraba su brial como una cola de novia. Empujado por los espíritus insolentes que habitan en el vino, don Asur se plantó ante el rey y dijo con una voz correosa de buen bebedor:

—¡Ya está bien de perder el tiempo con el maldito Ruy Díaz! ¡Que se vaya a Vivar a cuidar de sus puercos! ¡Si mis sobrinos apalearon a sus hijas, fue porque tenían sobradas razones para hacerlo!

Aquellas duras palabras desataron un terremoto de cólera entre los hombres del Cid, que se agitaron en torno a su señor con ánimos de guerra. Muño Gustioz, en nombre de todos, avanzó hacia el centro de la sala y gritó:

—¡Calla de una vez, maldito don Asur, pues estás tan borracho que no sabes lo que dices! ¡Te reto a luchar cara a cara conmigo, y prometo que te haré pagar muy caras las necedades que acabas de decir!

La tensión había crecido tanto que don Alfonso comenzó a asustarse. Comprendió que, si no ponía freno a las ofensas, el palacio de Galiana acabaría por convertirse en un improvisado campo de combate. El rey se levantó, pues, con el noble propósito de calmar los ánimos, pero justo entonces se produjo un hecho que distrajo la atención de todo el mundo. Dos caballeros a los que nadie conocía entraron en la sala con paso solemne. Venían vestidos con atuendos dignos de un príncipe y traían las barbas pulcras y las melenas muy bien cortadas. En la sala, todo el mundo murmuró:

—¿Quiénes son esos dos caballeros? ¿Alguien sabe para qué han venido?

Indiferentes a la curiosidad ajena, los dos hombres se acercaron al rey y le entregaron una carta cada uno. Don Alfonso las abrió con un gesto rápido y las leyó al vuelo. Cuando volvió a levantar la cabeza, su rostro expresaba una profunda alegría.

—Nobles de Castilla —dijo entonces—, estos dos caballeros han venido para llevar a cabo una importante misión. El que está a mi derecha ha sido enviado por el príncipe don Ramiro de Navarra y el que está a mi izquierda es súbdito del infante don Sancho, heredero del trono de Aragón. Aunque cada uno ha llegado de un lugar diferente, sus cartas vienen a decir lo mismo…

El rey se concedió el capricho de un breve silencio. Sabía que tenía a la concurrencia en un puño, y decidió recrearse en aquella agradable sensación de poder. Al fin, cuando la curiosidad de los presentes se había tensado hasta el máximo, don Alfonso respiró hondo y concluyó:

—Estos dos caballeros han venido para pedir, en nombre de sus respectivos señores, la mano de Elvira y Sol, las hijas del Cid.

Una oleada de asombro recorrió de parte a parte todo el salón. Los hombres del Cid se deshicieron en exclamaciones de alegría, pues consideraban que aquel desenlace era el más justo que cabía imaginar. Para los partidarios de los infantes, en cambio, la noticia fue como un bofetón en plena cara. ¿Cómo podía ser que dos príncipes pidieran a las hijas del Cid por esposas? ¿Acaso nadie se daba cuenta de que don Rodrigo era un simple infanzón? El Cid, moderado como siempre, se levantó despacio, inclinó la cabeza ante el rey y dijo con modélica humildad:

—Sería un altísimo honor aceptar las bodas, pero sois vos, Majestad, quien debe decidir sobre el destino de mis hijas.

El rey sonrió, encantado con la humildad del Cid.

—Prudente Campeador —contestó enseguida—, yo os ruego que aceptéis el casamiento, pues las bodas compensarán a vuestras hijas de la injusta deshonra que han sufrido.

Entonces, Álvar Fáñez, loco de alegría, les soltó a los infantes:

—¡Ya veis lo que son las cosas, señoritos de Carrión! ¡Ahora tendréis que besar la mano de Elvira y Sol aunque no queráis, porque algún día serán reinas!

—Conteneos, don Álvaro —dijo el rey—, pues es mejor dejar las cosas como están. El Cid ha venido a estas vistas reclamando justicia, y yo quiero satisfacerle. Dispongo que, para reparar su honor dañado, se libren los tres retos que se han planteado en estas vistas: el de Pedro Bermúdez con don Fernando, el de Martín Antolínez con don Diego y el de Muño Gustioz con don Asur González. La lid[5] tendrá lugar mañana al alba, y es seguro que Dios le dará la razón a quien la tenga.

5 *lid*: combate, pelea.

—Pero ¡nosotros no podemos luchar mañana! —alegaron los infantes—. ¿Acaso habéis olvidado que el Cid se ha adueñado de nuestras armas y nuestros caballos?

Por una vez en la vida, lo que decían los infantes era algo más que una simple excusa. Estaba claro que, sin armas, no podía haber reto, así que el rey dispuso que la lid tendría lugar en tres semanas y que se disputaría en las vegas de Carrión, donde los infantes podrían hacerse con lanzas y espadas. El Cid, entonces, abandonó su asiento, se despojó de su blanco capillo, se soltó la barba y le dijo al rey:

—Majestad, yo debo regresar a Valencia, pues no me conviene dejar sola una plaza que los moros codician tanto. Dejo el desafío en manos de mis tres campeones,[6] que sabrán defender mi honor con gallardía y fiereza.

Luego, el Cid salió del palacio, mientras todos los presentes, tanto sus partidarios como sus enemigos, lo miraban con ojos deslumbrados. Nadie podía poner en duda que el Campeador era un hombre honrado y un capitán magnífico. Cuando montó en Babieca y empezó a alejarse por la ribera del Tajo, el propio rey se dejó llevar por la admiración, así que exclamó a voz en grito:

—¡Por san Isidro que el Cid es el mejor caballero de España!

6 *campeón*: el que lucha en un desafío en defensa de los intereses de su señor o de un amigo.

La victoria final

El cielo amenazaba tormenta en las plácidas vegas de Carrión, pero, cuando los tres campeones del Cid se acercaban al lugar del desafío, el sol abrió una brecha de luz entre las nubes e iluminó los campos con una lluvia de oro. Fue un presagio de buena suerte que Martín Antolínez agradeció con una sonrisa. Gustioz y Bermúdez, por el contrario, no repararon en aquel gesto del cielo, pues estaban concentrados por completo en el desafío que iban a disputar. Los tres, en cualquier caso, cabalgaban con buen ánimo, confiados en la victoria, pues llevaban consigo lorigas de trama densa, espadas poderosas y lanzas bien afiladas. Los propios infantes comprendieron que iban a luchar con tres rivales de peso, así que sintieron una ráfaga de arrepentimiento. «Nunca debimos deshonrar al Cid», pensaron.

Pero ya era tarde para lamentarse. El desafío iba a empezar, y convenía templar los nervios para no salir malparado. Alrededor del palenque,[1] cientos de curiosos se preguntaban con excitación quién ganaría el combate. En un lugar elevado, desde el que se veían todos los rincones del campo de batalla, estaba sen-

1 *palenque*: terreno delimitado por estacas en el que se disputa un desafío.

tado el rey. Don Alfonso miraba con simpatía hacia los hombres del Cid, pues sentía la deshonra del Campeador como una herida en carne propia. Sin embargo, cuando anunció las normas del desafío, su voz sonó tan indiferente como si no albergara ninguna emoción.

—Las reglas son claras —dijo—: cada guerrero luchará contra el hombre al que desafió, y la victoria será para quien logre abatir a su adversario o expulsarlo del palenque.

Al instante, los seis caballeros ocuparon sus puestos en el campo de combate: tres quedaron a un lado y tres al otro. Les separaba una gran distancia, que debían recorrer a caballo para embestir con fuerza al enemigo. Los seis se santiguaron, alzaron sus escudos, pusieron las lanzas en posición de ataque y esperaron la señal que había de marcar el inicio del desafío. El tenso silencio que siguió sólo se quebró por un momento cuando el conde García Ordóñez les gritó a los infantes:

—¡Matad a esos tres bastardos!

De inmediato, uno de los pajes del rey hizo sonar su clarín, y los seis combatientes se dispusieron a jugarse la vida. Al sentir las espuelas en el vientre, sus caballos echaron a galopar con tanto ímpetu como si llevaran fuego vivo en las entrañas. Fernán González estrelló la punta de su lanza contra el escudo de Pedro Bermúdez, que quedó partido en dos. Sin embargo, también la lanza del infante salió dañada, pues se quebró en pedazos en medio de una vistosa explosión de astillas. Bermúdez logró soportar el golpe sin tambalearse y respondió con un lanzazo brutal que alcanzó a don Fernando muy cerca del corazón. Y, aunque es verdad que no llegó a horadarle la loriga, el infante cayó al suelo y soltó por la boca un poderoso chorro de sangre.

—¡Don Fernando ha muerto! —se oyó decir en las gradas.

Fue una conclusión precipitada, pues el infante seguía consciente, y pudo ver con sus propios ojos cómo Bermúdez se le acercaba espada en mano. Enseguida advirtió que el arma que empuñaba don Pedro era la temible Tizona del Cid, lo que le hizo temer por su vida. Deseoso de salvarse, el infante se incorporó un poco y anunció con voz temblorosa:

—Me rindo. Confieso que soy un cobarde tal y como dijisteis en Toledo.

Mientras tanto, Martín Antolínez y Diego de Carrión luchaban espada contra espada a lomos de sus caballos. El infante se defendía bien, pero don Martín logró asestarle un golpe certero en la cabeza que decidió la suerte del desafío. La espada derribó el yelmo de don Diego, le soltó el almófar y dividió en dos la melena del infante. Al verla desde tan cerca, don Diego se dio cuenta de que la espada que llevaba su adversario era la poderosa Colada, y entonces sintió tanto miedo que ya no pudo seguir adelante. En vez de atacar o ponerse en guardia, picó a su caballo y salió a todo galope del palenque mientras decía a gritos:

—¡Don Martín me ha vencido, don Martín me ha vencido!

En el bando de Carrión, quien presentó más batalla fue Asur González, que era un hombre robusto y arremetía con brío. Su lanza tocó varias veces el cuerpo de Muño Gustioz, si bien no llegó a atravesarle la loriga. A Gustioz le sorprendió el tino de su rival, pues lo recordaba como un hombre lento y de pocos reflejos. Aquel día, sin embargo, don Asur había tomado la precaución de no emborracharse, lo que le ayudó mucho a mejorar su puntería. Alentado por su propio acierto, llegó a despreciar a su adversario, a quien le dijo con una risa forzada:

—¡Vas a morder el polvo, Muño Gustioz!

Gustioz, sin embargo, no era ningún aprendiz, pues dominaba a la perfección el arte difícil del combate cuerpo a cuerpo. Bastó, pues, con que don Asur cometiera un error mínimo para que Gustioz le plantara la lanza en el pecho y se la hundiera con mucho ímpetu hasta la mitad del asta. El propio rey Alfonso se retorció de dolor cuando vio que, por la espalda de Asur González, asomaban dos palmos de lanza coronados por un pendón de hilo. Pálido como un muerto, don Asur cerró los ojos, contrajo el rostro y soltó un gemido. Gustioz tiró entonces de su lanza para recuperarla, y el pecho de su rival soltó sangre a borbotones. El padre de don Asur, con gesto aterrado, gritó desde lejos:

—¡No hiráis más a mi hijo, por piedad! ¡Vos sois el vencedor, no hay duda alguna!

Muño Gustioz era un hombre piadoso, pero conocía bien las reglas del combate, así que replicó:

—¡Es vuestro hijo quien debe declararse vencido!

Don Asur levantó entonces la visera de su yelmo con las escasas fuerzas que le quedaban y contestó con un hilo de voz:

—Señor Gustioz, el combate ha acabado. Vos sois el vencedor y yo el vencido.

Fueron las últimas palabras del desafío, y los hombres del Cid las acogieron con exultante alegría. En cambio, entre los partidarios de los infantes comenzaron a brotar las lágrimas. El conde García Ordóñez, que tan resuelto se había mostrado en los momentos previos al combate, se hundió en una oscura tristeza que le daba un aire de muerto en vida. En cambio, don Alfonso se puso en pie con mucho vigor como si todo hubiera salido se-

gún sus deseos. Nada más levantarse, hizo un lento aleteo con la mano para pedir silencio y enseguida anunció con gran solemnidad:

—Dios acaba de hablarnos, y su veredicto ha sido tajante: la victoria ha recaído con claridad en los hombres del Cid porque la causa de don Rodrigo era justa. Por el contrario, los de Carrión han sufrido una humillante derrota porque cometieron una traición gravísima. Mi deber, pues, es castigarlos, de modo que dispongo y exijo que los infantes, lo mismo que su tío don Asur y que el conde García Ordóñez, abandonen el reino de Castilla antes de nueve días y que pasen en el destierro el resto de sus vidas.

En alas de la alegría, los hombres del Cid partieron hacia Valencia a todo galope, bajo un sol luminoso que había desvanecido todas las nubes. Cuando, muchos días después, llegaron ante don Rodrigo y le contaron la noticia de su triunfo, el Campeador se sintió en la cima de su gloria. Tras abrazar a sus tres campeones, se dispuso a colmarlos de regalos, si bien les advirtió:

—Todo el oro del mundo no bastaría para pagar la deuda que tengo con vosotros, pues me habéis devuelto la honra, que es el mayor patrimonio que posee un caballero.

El Cid estaba feliz, y tenía motivos de sobras para sentirse orgulloso. Ningún guerrero de su época había llegado tan lejos en la vida ni había conseguido acaparar tanto afecto: el Cid se sabía obedecido por sus vasallos, temido por sus enemigos y admirado por todos. Pocos días después del regreso de sus campeones, casó a sus hijas en la catedral de Valencia y celebró el evento por todo lo alto. Elvira y Sol se mostraban dichosas: habían olvidado por completo la ofensa sufrida en Corpes y sabían que sus nuevos esposos las querían de todo corazón. Valencia entera vibró de alegría al ver que don Rodrigo había emparentado con las casas reales de Aragón y Navarra, y el buen Minaya se regocijó al pensar que los futuros reyes de España llevarían en las venas la sangre del Cid.

La buena suerte, sin embargo, es quebradiza, y una nueva amenaza se abatió sobre Valencia. En un remoto palacio encalado, bajo el sol inclemente de Marruecos, un rey de piel morena tramaba una venganza. Se llamaba Yúsuf, y era un viejo conocido del Cid. Algunos años atrás, había sufrido una clamorosa derrota cuando intentaba apoderarse de Valencia, y desde entonces había sentido un rencor descarnado por don Rodrigo, que crecía día a día con un vigor de savia nueva. Herido en su amor propio, el rey decidió armar un nuevo ejército para enfrentarse por segunda vez a su odiado enemigo. Así que, justo cuando el Cid acababa de casar a sus hijas, Yúsuf zarpó de las costas de Marruecos con una flota de más de un millar de naves que llevaban a bordo cerca de cien mil guerreros.

Nada más desembarcar en su destino, las tropas del rey quemaron con antorchas los campos de trigo y los extensos naranjales que rodeaban Valencia. El Cid divisó las llamaradas desde su alcázar y se sintió morir de tristeza. Acababa de entrar en el otoño de su vida, y se había convencido de que nada ni nadie podía desbaratar su bienaventuranza. Sin embargo, el rey Yúsuf irrumpió de pronto en Valencia para recordarle que el destino de los héroes es seguir batallando hasta el último aliento. El ejército de Yúsuf acampó frente a la ciudad, y don Rodrigo quedó impresionado por la evidencia de su poderío. Yúsuf no sólo había reunido una inmensa cantidad de soldados, sino que los había puesto a las órdenes de los mejores generales de África y Asia. Muy cerca de la muralla, desfilaba una reina negra de porte fiero llegada desde los remotos desiertos de Turquía. Era la mejor ar-

quera de su patria, y había puesto al servicio de Yúsuf a doscientos soldados negros como el ébano que enarbolaban con gesto amenazante sus alfanjes de plata. Más allá, se arracimaban miles y miles de tiendas, y cada una era un desafío contra el célebre coraje del Cid. Por la noche, cuando los soldados encendían fuego para matar el frío, el campamento parecía un espejo del cielo, pues sus hogueras eran tan numerosas y brillantes como las mismas estrellas.

El Cid, sensato como siempre, pensó que enfrentarse a unas fuerzas tan numerosas era una audacia casi suicida. Sin embargo, no quería que nadie dudara de su valentía, así que acabó por debatirse entre dos deseos contrarios. Encerrado en el laberinto de sus dudas, se pasó varias noches en vela. Pero una madrugada, cuando más indeciso se sentía, encontró de pronto la respuesta que andaba buscando. En la oscuridad de sus aposentos, oyó una voz inesperada que susurró con dulzura:

—¿Duermes, Rodrigo?

Cuando el Cid se incorporó, descubrió en mitad del cuarto a un anciano de barbas nevadas rodeado por una poderosa aura de luz. Era un espíritu del otro mundo, que inspiraba a la vez desconcierto y ternura. El anciano llevaba unas llaves en la mano, y el Cid intuyó al instante que eran las llaves del cielo.

—Soy san Pedro, el príncipe de los apóstoles —dijo enseguida la voz del espíritu—, y he venido a anunciarte algo importante. Ya sabes, Rodrigo, que esta vida es pasajera, y que el destino del alma es separarse del cuerpo para unirse a Dios. De aquí a treinta días, habrá llegado tu hora final, así que habrás de abandonar este valle de lágrimas. El Señor, sin embargo, quiere premiarte con una última victoria. Verás, Rodrigo…

San Pedro se pasó un buen rato detallándole al Cid todas las precauciones que debía tomar para vencer a las tropas de Yúsuf, y don Rodrigo prometió cumplirlas a rajatabla. Luego, el Cid se durmió con el alma en paz, convencido de hallarse en el umbral de una nueva victoria. A la mañana siguiente, sin embargo, despertó con fiebre y se desmayó varias veces, pues ya andaba prisionero del mal que habría de llevárselo al otro mundo. En pocos días, perdió todas sus fuerzas, y su mirada comenzó a diluirse en la bruma inconfundible de la muerte. Doña Jimena, estremecida de dolor, rodeó de médicos la cama de su esposo, pero ninguno logró remediar los males del Cid.

Cierta mañana, cuando llevaba enfermo veintinueve días, don Rodrigo decidió reunir en su alcoba a sus hombres de mayor confianza. Álvar Fáñez y Pedro Bermúdez se acercaron a la cama de su señor con el corazón encogido por la pena, y lo mismo les sucedió a Martín Antolínez y al obispo don Jerónimo. Doña Jimena, por su parte, aferró con ternura las manos de su esposo para hacerle sentir su compañía, y entonces don Rodrigo dijo con gran serenidad:

—La vida de los hombres es fugaz como la flor del campo. Mañana mismo, habré de abandonar este mundo de una vez para siempre. Sin embargo, no debemos darle a Yúsuf la satisfacción de una victoria. Nuestra obligación es derrotarle y sólo lo conseguiremos si reprimís las lágrimas cuando mi vida llegue a su fin. El enemigo no debe saber que he muerto, porque de lo contrario se crecerá de golpe. Lo que tenéis que hacer en cuanto mi alma se apague es lavar bien mi cuerpo y embalsamarlo…

El Cid explicó con todo detalle cada uno de los pasos que debían dar sus hombres en los días sucesivos a su muerte y, al acabar, se quedó a solas con el padre Jerónimo para confesarse por última vez. Poco después, cayó la tarde, y don Rodrigo cerró los ojos con un gesto fatigado. Tardó poco en dormirse, y entró en un sueño dulce que borró de su cara todo rastro de dolor. Jimena, que estaba a su lado, se pasó un rato rezando por la salvación de su esposo, pero al cabo se durmió, derribada a la vez por el cansancio y la pena. Luego vino la noche, y la luna empezó a derramar su brillo de nieve sobre el alcázar. Reinaba una calma absoluta, y el silencio era tan hondo en todos los rincones de palacio que resultaba imposible sentirse amenazado.

Hacia la madrugada, sin embargo, doña Jimena despertó de golpe, asaltada por un agudo dolor que parecía acribillarle el alma. Nada más abrir los ojos, se acercó a su esposo, y notó sus mejillas frías como la escarcha. Luego, le rozó los labios con la boca y echó en falta el aliento de la vida. Doña Jimena se rindió a la verdad y sintió dentro del pecho el desgarro implacable de una pena sin fondo. Su tristeza era tan descarnada que notó que le fallaban las fuerzas. Le parecía imposible sobrevivir lejos de Rodrigo, sin ver sus ojos, sin oír su voz, sin abrazarlo, sin tocar sus manos…

Doña Jimena reprimió, sin embargo, sus lágrimas para no estropear los planes del Cid. Según lo acordado, llamó enseguida a don Jerónimo, quien embalsamó el cadáver de don Rodrigo, y lo hizo con tanta destreza que logró devolverle al difunto la apariencia inequívoca de un hombre vivo. El Cid, pues, se quedó para siempre con los ojos abiertos de par en par, las mejillas coloradas de la buena salud y el gesto concentrado de quien está alumbrando un pensamiento. Pedro Bermúdez y Martín Antolínez le pusieron la loriga y el yelmo, lo subieron a lomos de Babieca y le ataron el cuerpo a la silla de montar a fin de que el jinete no cayera por mucho que el caballo se moviese. Álvar Fáñez, por su parte, sujetó el brazo derecho del Cid con una tablilla para que quedara erguido, y encerró en el puño del difunto el pomo de oro de su querida Tizona.

Para entonces, los soldados de Yúsuf ya llevaban más de un mes a las puertas de Valencia, y andaban de lo más extrañados. Sabían que el Campeador no tomaba sus decisiones a la ligera, pero no podían entender que se resistiera tanto a luchar. Don Rodrigo no era ningún cobarde, así que debía de haber una razón de peso para que llevara tanto tiempo encerrado entre los muros de Valencia. Alguien, en un corrillo, sugirió que tal vez estaba enfermo, y el rumor se magnificó enseguida. A las pocas horas, todo el mundo en el campamento moro dio por sentado que el Campeador había muerto. La alegría alborotó los corazones de los soldados, y el propio Yúsuf dio credibilidad a la sospecha de que don Rodrigo estaba durmiendo el sueño eterno de la muerte.

Al fin, una mañana de sol cegador, las puertas de Valencia comenzaron a abrirse. Los hombres de Yúsuf tomaron las armas con muchos ánimos, convencidos de que tenían la victoria más cerca que nunca. Si el Cid ya no capitaneaba a sus hombres, vencer a los cristianos sería la cosa más fácil del mundo. La arquera negra de la lejana Turquía rió de buena gana, pensando que Valencia caería enseguida en manos de Alá. Sin embargo, cuando las puertas de la ciudad se abrieron del todo, la alegría de los hombres de Yúsuf se transformó de pronto en una mueca desencajada de terror, pues lo primero que se vio bajo el arco de piedra fue la silueta inconfundible del Cid. Venía montado a lomos de Babieca y empuñaba la Tizona con un gesto tan amenazador que los moros echaron a correr en desbandada. Algunos creyeron ver en la mano del Campeador una espada de fuego.

—¡Corred, corred, que el Cid está vivo! —decían.

Álvar Fáñez supo aprovechar aquel temor para situar a su ejército en una situación de ventaja. Sus hombres atacaron con tantas ganas que tardaron muy poco en desbaratar al enemigo. Buena parte de los moros huyeron hacia la playa y se embarcaron a toda prisa para escapar mar adentro. En el desorden del abordaje, algunos hombres murieron pisoteados por sus propios compañeros, y otros cayeron por la borda y perecieron ahogados. Al día siguiente, el cadáver de Yúsuf apareció en la orilla de la playa, mecido por las olas. Su cuerpo muerto era el último despojo de la victoria más prodigiosa de todas: la que el Cid había conquistado después de muerto.

Diez días más tarde, doña Jimena emprendió un triste viaje desde Valencia con el propósito de llevar hasta Castilla el cuerpo muerto del Cid. Le acompañaban quinientos caballeros, a la cabeza de los cuales iba Pedro Bermúdez ondeando la victoriosa enseña del Campeador. Don Rodrigo no iba subido en unas andas,[2] como era propio de un cadáver ilustre, sino montado a lomos de Babieca. Jimena, que no se despegaba de su lado, iba vestida de luto riguroso y tenía la apariencia desdichada de una mujer sin ningún porvenir. Sus ojos habían perdido su antiguo brillo, sus cabellos se habían marchitado de la noche a la mañana, y parecía tan desmejorada al lado de su esposo como si ella fuese la muerta y el Cid fuera el viudo.

2 *andas*: tablero provisto de dos varas sobre el que se lleva un cadáver.

A don Rodrigo sólo lo bajaron del caballo cuando llegó a su destino: el convento de San Pedro de Cardeña. Allí lo esperaban sus hijas y sus yernos, así como el rey don Alfonso, que quería rendirle un último homenaje por sus buenos servicios. Jimena dispuso que el cadáver no fuese enterrado, sino que quedase expuesto para siempre a la luz del mundo. Don Alfonso mandó traer el escaño que el Cid había usado en las vistas de Toledo y lo colocó a la derecha del altar de san Pedro, para que el Cid lo ocupase vestido con sus mejores prendas. Como el cadáver estaba tan bien embalsamado, mantuvo la espalda erguida contra el respaldo del escaño, lo mismo que un hombre joven rebosante de fuerzas. Álvar Fáñez apoyó la mano del Cid sobre el pomo de la Tizona, que colgaba del cinto del cadáver. Luego, el obispo don Jerónimo roció el cuerpo del Campeador con agua bendita y resumió el sentir de todos con unas pocas palabras. Su voz poderosa pareció iluminar la penumbra de la iglesia cuando dijo con extraña alegría:

—Fue el mejor caballero que hubo nunca en esta vieja tierra de moros y cristianos…

El obispo tenía razón. El Cid había sido un caballero ejemplar, y era justo que su recuerdo sobreviviera a los azares del tiempo. Sin duda había muerto a los ojos del mundo, pero el eco de sus proezas seguiría resonando sin descanso, día tras día y siglo tras siglo, en la memoria poderosa de las gentes y en el reino inmortal de la leyenda.

Epílogo

El cadáver del Cid pasó diez años sentado junto al altar de la capilla. Todos los días, cientos de personas acudían a verlo y se maravillaban al comprobar la viveza de sus ojos, el color encendido de sus mejillas y lo erguido que se mantenía en su escaño. Algunos no podían creerse que aquel hombre estuviera muerto, así que apoyaban la oreja contra el pecho del Cid y trataban de reconocer en el fondo de su cuerpo el brusco palpitar de un corazón humano.

Cierta mañana, apareció por Cardeña un judío que había oído hablar mucho de lo bien que estaba embalsamado el Cid. Contra lo que era costumbre, aquel día no había ni un alma en la capilla, pues había nevado durante toda la noche, y muchos caminos se encontraban cerrados al paso. El judío entró en la iglesia, se acercó al Cid y lo observó con detenimiento durante un buen rato. Le admiró la impresión de autoridad y nobleza que transmitían los ojos de don Rodrigo, el color saludable de su rostro y la extrema longitud de la barba, que parecía crecerle sin descanso incluso después de muerto. Sin embargo, lo que más le sorprendió fue la rigidez de su mano derecha, que el Cid mantenía apoyada sobre el pomo de la Tizona.

De pronto, el judío susurró:

—Éste es el Cid, de quien se dice que venció más de cien batallas contra los moros y que cosechó su última victoria después de muerto… También se cuenta que era un hombre tan fiero y temible que nadie se atrevió jamás a tocarle la barba…

Nada más decir aquello, el judío esbozó una sonrisa maliciosa. Acababa de darse cuenta de que tenía al alcance la oportunidad de llevar a cabo un acto excepcional. El judío miró a los cuatro costados para asegurarse de que estaba solo, y luego se dijo a sí mismo:

—Ahora que el Cid no puede defenderse, voy a mesarle la barba, y así podré presumir de haber sido el primero en hacerlo.

El judío, pues, estiró la mano y empezó a acercarla muy poco a poco a la cara del Cid. La travesura le excitaba tanto que oía el latido de su propio corazón. Sabía que iba a consumar una hazaña histórica, y su mano temblaba de puro entusiasmo. Los dedos del judío ya estaban a punto de tocar el mentón del Cid, y parecía que nadie podía impedir aquella humillación. Sin embargo, justo cuando la uña del índice iba a rozar el primer pelo, sucedió un milagro que puso las cosas en su sitio. Con un enérgico impulso, como animado por el soplo de Dios, don Rodrigo abrió los ojos de par en par, levantó de golpe la mano derecha y alzó hacia el cielo la temible Tizona. El judío, muerto de miedo, comenzó a gritar:

—¡No me hagáis daño, por piedad!

Y en aquel mismo instante se desmayó.

Una hora más tarde, el abad del convento entró en la capilla y descubrió al judío a los pies del Cid. Para reanimarlo, le roció la cara con agua bendita, y el judío despertó casi al instante. Su

gesto de desconcierto, sin embargo, dejó bien claro que no recordaba nada de lo que había ocurrido. Es más: le extrañó mucho encontrarse en una iglesia, pues jamás había profesado la fe de Jesús. El abad le ayudó a levantarse, y el judío se lo agradeció con mucha cortesía. Parecía un hombre cordial y juicioso, pero de pronto tuvo una reacción insólita. Cuando alzó la cabeza y vio los ojos del Cid a menos de un palmo de su cara, el judío se quedó tan pálido como si anduviera a un paso de la muerte. Temblando de miedo, echó a correr hacia la puerta de la iglesia, y su carrera fue tan atropellada que perdió la capa y el gorro por el camino.

Incapaz de entender nada, el abad se encogió de hombros y echó a andar hacia la puerta de la iglesia. A medio camino se detuvo a recoger las prendas que había perdido el judío, pues deseaba devolvérselas. Pero, cuando llegó a la entrada del templo y se asomó al exterior, no encontró más rastro de vida que una larga hilera de pisadas que moteaban de sombras la blancura de la nieve. El judío, en cambio, ya debía de estar muy lejos…

Cuentan que nunca más se le vio en ningún sitio.

Apéndice cartográfico

La España del Cid

LA PENÍNSULA IBÉRICA EN 1085

MAR CANTÁBRICO
REINO DE FRANCIA
REINO DE CASTILLA Y LEÓN
REINO DE NAVARRA
REINO DE ARAGÓN
CONDADOS CATALANES
RÍO EBRO
VIVAR
BURGOS
CARDEÑA
CARRIÓN DE LOS CONDES
PALENCIA
S. ESTEBAN DE GORMAZ
RÍO DUERO
ROBLEDO DE CORPES (?)
ATIENZA
CASTEJÓN
HITA
GUADALAJARA
RÍO HENARES
ALCOCER
TOLEDO
RÍO TAJO
TAIFA DE ZARAGOZA
ZARAGOZA
TERRER
ATECA
RÍO JALÓN
CALATAYUD
MOLINA DE ARAGÓN
RÍO JILOCA
TAIFA DE ALBARRACÍN
TERUEL
RÍO TURIA
DOMINIOS DEL CID
VALENCIA
MAR MEDITERRÁNEO
IMPERIO ALMORÁVIDE
FRONTERAS EN EL AÑO 1099
RUTA DEL DESTIERRO DEL CID
RUTA DE CORPES

actividades

Argumento y comprensión

La formación del héroe

1 Devorado por la envidia, el conde de Orgaz insulta y golpea al padre de Rodrigo en presencia del rey. ¿Por qué tal acción constituía una ofensa tan grave en la Edad Media? ¿Cómo podía repararse esa humillación? (pág. 14) ¿Por qué don Diego escoge a su hijo Rodrigo para que lave su honor?

2 Nada más conocer la causa de la deshonra familiar, Rodrigo sale en busca del conde. Sin embargo, ¿qué lo detiene al principio? (pág. 20) Tras vencer al conde, Rodrigo se ve obligado a huir. ¿Qué misión le encomienda su padre? (págs. 25-26)

3 Deshecha de dolor, Jimena reclama justicia al rey. ¿Qué le responde don Fernando? (pág. 29) ¿Qué pesadilla atormenta a la joven noche tras noche? (pág. 31)

4 Mientras tanto, Rodrigo vence a los moros en incontables batallas y cobra fama de gran guerrero. ¿Qué proeza realiza a los tres meses de haber salido de Vivar? (pág. 31) ¿Qué condición les impone a los reyes moros para concederles la libertad? (pág. 32) ¿Qué piensan ellos del joven Ruy Díaz? (pág. 34)

5 De peregrinación a Santiago, Rodrigo ve a un viejo hundido en un tremedal. ¿Qué enfermedad sufre el anciano y

cómo le ayuda Rodrigo? (pág. 40) Al caer la noche, el joven tiene una visión: ¿quién se le aparece y qué le vaticina? (págs. 41-42)

6 Gracias al profundo amor que siente por Rodrigo, Jimena logra superar el odio y el dolor que despertó en su alma la muerte de su padre. No obstante, ¿qué aparenta sentir la joven por Rodrigo? (pág. 44) ¿Cómo consigue el rey convencerla para que perdone a su antiguo amado? (pág. 45) ¿De qué modo reacciona Jimena ante la propuesta del rey? (pág. 45)

Una guerra fratricida

1 Al borde de la muerte, el rey Fernando I reparte su reino entre sus hijos. ¿Por qué se indigna Sancho con su padre? (págs. 50-52) Cuando el nuevo rey de Castilla le ofrece al Cid el cargo de alférez, ¿qué actitud adopta don Rodrigo? (págs. 53-54)

2 Aunque Sancho y Alfonso se unen para adueñarse de Galicia, muy pronto se declaran la guerra. ¿Qué propone Alfonso para que el conflicto bélico acabe cuanto antes? (pág. 56) Al comienzo de la batalla, ¿qué episodio prueba la brutalidad de la guerra? (pág. 58) ¿Por qué decide don Sancho emprender la retirada? ¿De qué modo reacciona el Cid al saber que su rey ha sido apresado? (págs. 62-64) ¿Cómo logra Rodrigo derrotar a los leoneses y qué apelativo se gana con su acción? (págs. 66-68)

3 Tras apoderarse de Galicia y León, don Sancho pone sus ojos en la ciudad de Zamora. ¿Qué misión le encomienda entonces a Rodrigo? (págs. 69-70) ¿Qué consecuencias tiene sobre la población el cerco de la ciudad? (págs. 71-72)

4 Aunque Vellido Dolfos se ofrece para liberar Zamora, muy pronto lo vemos huir del recinto amurallado de la ciudad. Según Vellido, ¿qué razones lo han forzado a huir? (págs. 80-81) ¿Cómo le propone al rey tomar Zamora? (págs. 84-86)

5 Cegado por su ambición, don Sancho hace oídos sordos a una voz que le alerta sobre el traidor Vellido. En cambio, ¿qué piensa el Cid del zamorano y qué resuelve hacer? (págs. 86-87) ¿Qué circunstancias se confabulan para que Vellido consume su asesinato y el Cid no logre salvar a su señor? (págs. 87-88) Antes de morir, ¿qué errores reconoce haber cometido don Sancho y qué decisiones toma? (pág. 93)

6 La nobleza castellana se muestra recelosa ante el nuevo rey, don Alfonso. ¿Por qué razón? (pág. 96) ¿Qué condición propone el Cid para que don Alfonso sea aceptado como monarca? (pág. 98) ¿Quién desaprueba la propuesta del Cid? ¿Quién acaba por tomar juramento al rey, y por qué esa ceremonia le resulta tan humillante a don Alfonso? (págs. 103-107) ¿Por qué motivo es desterrado el Campeador? (págs. 109-110)

El destierro: la lucha por "ganarse el pan"

1 Don Rodrigo parte hacia el destierro y, al llegar a Burgos, busca una posada donde alojarse con sus hombres. ¿Qué acogida encuentra en la ciudad? ¿Quién le sale al encuentro y qué le revela? (págs. 112-114) ¿Qué opinan los burgaleses sobre don Rodrigo? (pág. 114)

2 ¿Quiénes se unen a la mesnada del Cid y qué están dispuestos a hacer por su señor? (págs. 111-112 y 114-116)

3 Para poder alimentar a sus hombres, don Rodrigo decide pedir un préstamo a Rachel y Vidas. ¿Cómo logra Martín convencer a los judíos para que le presten seiscientos marcos? (págs. 120-121) El Cid no está convencido de haber obrado bien al engañar a Rachel y Vidas; no obstante, ¿con qué argumentos acalla Martín los escrúpulos de su señor? (pág. 122)

4 Don Rodrigo acude al monasterio de Cardeña para despedirse de su esposa y de sus hijas. ¿Por qué podemos afirmar que el Cid recibe el apoyo de la Iglesia y de Dios? (págs. 126-127 y 130) Para el héroe de Vivar, ¿qué es lo más doloroso del destierro? (págs. 127-128)

5 Con la ayuda de su mesnada, don Rodrigo consigue la primera victoria. ¿Cómo se adueña de Castejón? (págs. 131-134) ¿Por qué no se asienta en la ciudad? ¿Qué opinan del Cid los moros de la villa? (pág. 135)

6 Las incursiones del Cid en territorio enemigo le deparan una victoria tras otra. ¿Con qué estrategia se apodera de Alcocer? (págs. 136-137) ¿Cómo reacciona el rey Tamín de Valencia al conocer las conquistas del Campeador? (págs. 141-142) ¿De qué virtud da muestras el Cid al percatarse de la gran superioridad del enemigo? (págs. 142-143) ¿En qué dos enfrentamientos singulariza el narrador la batalla de Alcocer? (págs. 146-147)

7 Para congraciarse con don Alfonso, el Cid le regala treinta hermosos caballos. ¿Cómo reacciona el rey ante el obsequio del Campeador? (pág. 151)

8 Alarmado por que el Cid se acerca peligrosamente a sus territorios, el conde de Barcelona se enfrenta con su ejército al héroe de Vivar. ¿Qué imagen se nos ofrece del conde? (págs. 152-154) ¿Qué trofeo conquista el Cid tras su victoria? (pág. 154)

9 Animado por el éxito de sus campañas militares, el Cid decide sitiar la rica ciudad de Valencia. Tras conquistarla, ¿qué regalo le envía a don Alfonso? ¿Cómo corresponde el rey a su generosidad? ¿Qué reacciones suscita la notoriedad del Cid en el conde Ordóñez y en los infantes de Carrión? (págs. 159-161)

10 La llegada de doña Jimena y sus hijas a Valencia nos ofrece una nueva ocasión de comprobar la faceta humana del Cid. ¿Cómo reacciona el héroe al ver a

su familia? (págs. 162-164) ¿Qué impresión produce en las tres mujeres la contemplación de la ciudad y, posteriormente, del desembarco del ejército marroquí? (págs. 165-166)

Recuperación y pérdida del honor

1 Con su brillante victoria sobre Yúsuf, el Cid alcanza la cumbre de su gloria. Tras la batalla, ¿con qué obsequia don Rodrigo al rey Alfonso? (pág. 170) ¿Cómo premia el monarca al Cid? (pág. 172) Al solicitar la mano de las hijas del Campeador, ¿qué propósito mueve a los infantes? (pág. 171) ¿Qué piensa el Cid de estos matrimonios? (págs. 172-175)

2 Durante su estancia en Valencia, los yernos del Cid dan sobradas muestras de su cobardía. ¿Cómo reaccionan al ver suelto al león? (pág. 178) En cambio, ¿cómo afronta el Cid a la fiera? (pág. 180) ¿Qué papel desempeña don Fernando en el campo de batalla? (págs. 184 y 186) ¿Cómo ayudan Muño Gustioz (pág. 182) y Pedro Bermúdez (pág. 186) a los infantes? ¿Cómo se sienten los yernos del Cid? (págs. 181 y 189)

3 Don Diego y don Fernando deciden regresar a Carrión con sus esposas. ¿Qué regalos les entrega el Cid antes de que se vayan? (pág. 190) ¿Qué atenciones tiene con ellos el moro Abengalbón? (pág. 192) ¿Le corresponden los infantes? Al día siguiente, ¿adónde conducen a Elvira y Sol y a qué trato las someten? (págs. 194-196) ¿Cómo reacciona Félez Muñoz al descubrir a sus primas? (págs. 198-200)

El Cid alcanza la gloria

1 El rey convoca unas vistas al conocer la afrenta de Corpes. ¿Qué precauciones adopta el Cid al acudir al encuentro? (pág. 202) ¿Qué les reclama a los infantes y qué respuesta obtiene a sus demandas? (págs. 203-207)

¿Qué aducen el conde Ordóñez y los de Carrión para rechazar el matrimonio ya contraído con Sol y Elvira? (pág. 208) ¿Con qué sorprendente noticia quedan rebatidos los argumentos de los infantes? (págs. 212-213)

2 La reparación del honor familiar se consuma con tres duelos singulares. ¿Quiénes se enfrentan en ellos? Según creencias medievales, ¿quién determinaba el vencedor en esa clase de enfrentamientos y qué implicaba su decisión? (pág. 220)

3 En la cima de su prestigio y poder, el Cid debe librar una última batalla contra un ejército numerosísimo llegado desde Marruecos. ¿Qué le profetiza la visión que tiene cierta noche? (págs. 224-225) ¿De qué modo consiguen los cristianos vencer al enemigo? (págs. 226-228)

4 Convertido en una figura legendaria, el Cid todavía obrará un prodigio tras su muerte. ¿Qué se hace con el cadáver del Campeador? (págs. 230-231) ¿Qué episodio nos revela que la grandeza y el honor del héroe son intocables? (pág. 232)

Temas y personajes

Un héroe épico

1 La vida del Cid está condicionada por la **pérdida de la honra** y sus **esfuerzos por recuperarla**. Por *honra* se entendía en la Edad Media la buena fama de una persona, el concepto que los demás tenían de uno. Tal prestigio social no era ajeno entonces, como tampoco hoy en día, a la posesión de ciertos bienes materiales. El Cid, pues, pierde la honra cuando el conde Ordóñez lo calumnia y el rey lo priva de sus propiedades y lo destierra. Para recobrar su honor, el héroe tiene que adentrarse entonces en los reinos moros a fin de conquistar tierras y riquezas.

¿Qué progresión siguen las conquistas del Cid? (págs. 131, 136 y 159) ¿Y el número de soldados de los ejércitos a los que derrota? (págs. 137, 142, 165 y 221) Lograda la victoria, ¿qué es lo primero que reclama la atención del héroe? (págs. 135, 147, 166 y 170)

2 Para recuperar por completo la honra, el Cid necesita **reconciliarse con su rey**. ¿Qué progresión adviertes en los regalos que el héroe le entrega a don Alfonso para obtener su perdón? (págs. 149-151, 159-160 y 170-172) ¿Cómo compensa el rey al Cid por cada uno de esos obsequios? ¿Presentan las gracias de don Alfonso alguna gradación?

3 El cruel maltrato que los infantes dispensan a Elvira y Sol constituye un gravísimo ataque a la **honra familiar** o privada del Cid, que se repara con un triple duelo. En cambio, ¿con qué proposición alcanza don Rodrigo la cima de su honra? (pág. 213)

4 La **barba** era en la Edad Media un símbolo de honra y virilidad. ¿Por qué el Cid decide no cortarse la barba? (pág. 158) Cuando acude a las vistas, ¿por qué la lleva atada? (pág. 202)

5 Don Rodrigo sirve con **escrupulosa lealtad** a Fernando I, Sancho II y Alfonso VI, pese a que estos monarcas no siempre lo tratan con equidad. ¿Qué pruebas da el Cid de su inquebrantable fidelidad a cada uno de estos reyes? (págs. 32, 70, 98, 104, 159...)

6 El Campeador lleva a cabo **hazañas prodigiosas** que son propias de los **héroes épicos**. ¿Cuál es su primera proeza? (pág. 31) ¿Cómo logra rescatar al rey Sancho? (pág. 64) ¿Qué cualidad demuestra en el episodio del león? (pág. 180) ¿Cómo da muerte al rey Búcar? (pág. 187) ¿Qué reacción provoca en el enemigo la sola presencia del Cid? (págs. 227-228) ¿Qué victorias del héroe resultan del todo inverosímiles?

7 Casi todos los héroes épicos poseen **espadas** robustas y **monturas** fuertes y veloces. ¿Cómo consigue el Cid sus legendarias

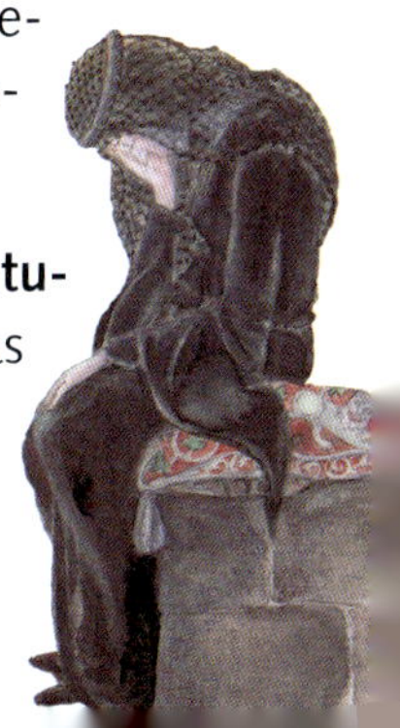

espadas? (págs. 154 y 188) ¿Qué nombre recibe su caballo?

8 Don Rodrigo es un **hábil estratega** que actúa con una **prudencia** y **sensatez** admirables. ¿Qué ingeniosa estratagema emplea para conquistar Alcocer? (pág. 137) ¿En qué ocasiones da muestras de su buen juicio, de su mesura y de su prudencia? (págs. 53-54, 86, 142-143 y 174-175) ¿Y de su generosidad con sus vasallos o con el enemigo vencido? (págs. 32 y 147)

9 Uno de los rasgos más peculiares del Campeador es que su dimensión heroica no eclipsa su **profunda humanidad**. ¿Cómo manifiesta el Cid su amor por Jimena y por sus hijas? (págs. 20, 26, 111, 127-128 y 162-164)

Los antagonistas

1 Los peores enemigos del Cid no practican el Islam sino la fe de Cristo. ¿Quién determina que Rodrigo, siendo muy joven, tenga que huir de Vivar? ¿A qué se debe la animadversión que tal personaje siente hacia el padre del Cid? (pág. 12)

2 El **conde García Ordóñez** es el peor adversario del Cid en la corte del rey Alfonso. ¿Qué responde cuando el Campeador propone la jura de Santa Gadea? (pág. 98) ¿Cómo influye para que el Cid sea desterrado? (págs. 109-110) Durante las vistas, ¿qué opinión expresa sobre don Rodrigo y sus hijas? (pág. 207) ¿A qué se debe su odio mortal por el Cid? (pág. 209)

3 Los **infantes de Carrión** son dos jóvenes malcriados que pertenecen a la alta nobleza y obran de forma moralmente repulsiva. ¿Qué aspecto tienen los infantes y cuáles son sus ocupaciones? (pág. 161) ¿Por qué piden la mano de Sol y Elvira? (pág. 171) ¿Cómo los tratan el Cid y sus vasallos? ¿En qué episodio culmina el proceso de degradación moral de los infantes?

Vasallos y amigos

1 Los principales vasallos del Cid son también compañeros fraternales del héroe que le guardan a su señor una **lealtad** a toda prueba. ¿Qué rasgos distinguen a **Álvar Fáñez**? (págs. 102, 111 y 142) ¿Qué importante misión le confía el Cid al buen Minaya? (pág. 148) ¿Cómo es **Martín Antolínez** en lo físico y en lo moral? (págs. 114-116) ¿Por qué se comprende que el Cid lo envíe a negociar con Rachel y Vidas? **Pedro Bermúdez** tiene asimismo un perfil propio: ¿por qué se caracteriza? (págs. 111, 143-144 y 186) Junto con Muño Gustioz, ¿qué función ejercen Antolínez y Bermúdez en las vistas y el duelo posterior?

2 Al mismo tiempo que un fervoroso devoto, el **obispo don Jerónimo** es un apasionado de la guerra: ¿qué lugar le gusta ocupar en el combate? (págs. 168-169 y 183)

3 El papel que **el moro Abengalbón** desempeña en la obra demuestra que las campañas militares del Cid no tienen nada que ver con una cruzada religiosa. ¿Qué virtudes se destacan en el retrato de Abengalbón? (págs. 191-192)

4 La extrema crueldad con que los infantes de Carrión golpean a las hijas del Cid contrasta con el trato que les dispensa su primo **Félez Muñoz**. ¿Qué imagen se nos ofrece de este personaje?

Unas gotas de humor

1 El narrador caricaturiza a **Rachel** y **Vidas** al atribuirles los rasgos tópicos con que los escritores medievales pintaban a los **judíos**. ¿Cuál es el principal defecto de estos personajes? ¿De qué divertido modo los satiriza el narrador? (págs. 117-122)

2 También el **conde de Barcelona** es objeto de burlas. ¿Cómo contrasta este personaje con el Cid? (págs. 152-154) ¿En qué se diferencia la actitud que muestra antes del combate y la reacción que adopta tras ser vencido? ¿De qué otros personajes cristianos crees que se burla el autor y por qué razón? (págs. 178, 184 y 210)

Con la ayuda de Dios

1 Ya hemos visto que el **abad don Sancho** y el obispo Jerónimo, los únicos miembros de la Iglesia que aparecen en la obra, toman parte decidida por el Campeador. ¿Qué hace el abad por don Rodrigo? (págs. 126-127) Significativamente, ¿dónde irán a parar los restos mortales del héroe? (pág. 230)

2 Desde el primer momento sabemos que Rodrigo cuenta con la **ayuda de Dios**. ¿Por qué se le aparece san Lázaro? (págs. 41-42) ¿Qué le profetiza el espíritu del santo? ¿Qué otras apariciones se le presentan al Cid a lo largo de su vida y qué le vaticinan? (págs. 130 y 224-225) ¿Qué episodio de la obra nos revela que Dios está de parte del héroe? (pág. 220)

CUCAÑA

1. Oscar Wilde
El Gigante egoísta
y otros cuentos
Ilustraciones de P. J. Lynch

2. Steven Zorn
Relatos de fantasmas
Ilustraciones de John Bradley

3. William Irish
Aprendiz de detective
Un robo muy costoso
Ilustraciones de Rubén Pellejero

4. Edith Nesbit
Melisenda
Ilustraciones de P. J. Lynch

5. Isaac Asimov
Amigos robots
Ilustraciones de D. Shannon

6. Martin Waddell
La Biblia. Historias
del Antiguo Testamento
Ilustraciones de G. Patterson

7. Varios autores
Arroyo claro, fuente serena
Antología lírica infantil
Ilustraciones de C. Ranucci

8. Cornell Woolrich
El ojo de cristal
Charlie saldrá esta noche
Ilustraciones de Tha

9. Varios autores
La rosa de los vientos
Antología poética
Ilustraciones de Jesús Gabán

10. L. Frank Baum
El mago de Oz
Adaptación de James Riordan
Ilustraciones de Victor Ambrus

11. Reiner Zimnik
Los tambores
Ilustraciones de Reiner Zimnik

12. Mary Hoffman
Un tirón de la cola
Ilustraciones de Jan Ormerod

13. Anónimo
El jorobado y otros cuentos
de «Las mil y una noches»
Versión de Brian Alderson
Ilustraciones de M. Foreman

14. Rudyard Kipling
Las aventuras de Mowgli
Ilustraciones de Inga Moore

15. Horacio Quiroga
Anaconda
y otros cuentos de la selva
Ilustraciones de A. Domínguez

16. H. C. Andersen
La Reina de las Nieves
Ilustraciones de P. J. Lynch

17. Varios autores
La Bella y la Bestia
y otros cuentos maravillosos
Ilustraciones de P. J. Lynch

18. Charles Perrault
Riquete el del Copete
Ilustraciones de Jean Claverie

19. Anónimo
Simbad el marino
Adaptación de Agustín Sánchez
Ilustraciones de Amélie Veaux

20. Daniel Defoe
Robinson Crusoe
Adaptación de Eduardo Alonso
Ilustraciones de Robert Ingpen

21. Eduardo Soler
Atina y adivina
Ilustraciones de N. López Vigil

22. Victor Hugo
El jorobado de Notre Dame
Adaptación de Miguel Tristán
Ilustraciones de A. Urdiales

23. Jerry Pinkney
Fábulas de Esopo
Ilustraciones de Jerry Pinkney

24. Hugh Lupton
La voz de los sueños
y otros cuentos prodigiosos
Ilustraciones de Niamh Sharkey

25. Charles Dickens
Cuento de Navidad
Adaptación de P. Antón Pascual
Ilustraciones de C. Birmingham

26. Horacio Quiroga
El devorador de hombres
Ilustraciones de François Roca

27. Steven Zorn
Relatos de monstruos
Ilustraciones de John Bradley

28. Rudyard Kipling
Los perros rojos
El ankus del rey
Ilustraciones de Francisco Solé

29. Miguel de Cervantes
Don Quijote
Adaptación de Agustín Sánchez
Ilustraciones de Svetlin

30. Brendan Behan
El príncipe y el gigante
Ilustraciones de P. J. Lynch

31. H. C. Andersen
El ruiseñor y otros cuentos
Ilustraciones de C. Birmingham

32. Juan Ramón Jiménez
Estampas de *Platero y yo*
Selección de J. R. Torregrosa
Ilustraciones de Jesús Gabán

33. G. A. Bürger
Las aventuras del barón de Munchausen
Adaptación de Eduardo Murias
Ilustraciones de Svetlin

34. Jonathan Swift
Los viajes de Gulliver
Adaptación de Martin Jenkins
Ilustraciones de Chris Riddell

35. Charles Dickens
Oliver Twist
Adaptación de Pablo Antón
Ilustraciones de C. Birmingham

36. Juan Ramón Jiménez
El iris mágico. Antología lírica
Selección de J. R. Torregrosa
Ilustraciones de Jesús Gabán

37. Mino Milani
Un ángel, probablemente
Ilustraciones de G. de Conno

38. Rudyard Kipling
Kim
Adaptación de Eduardo Alonso
Ilustraciones de F. Solé y F. del Amo

39. Agustín Sánchez Aguilar
La leyenda del Cid
Ilustraciones de Jesús Gabán

40. Walter Scott
Ivanhoe
Adaptación de Manuel Broncano
Ilustraciones de John Rush

41. Jules Verne
Miguel Strogoff
Adaptación de J.M. Pérez Zúñiga
Ilustraciones de Javier Serrano

42. Joanot Martorell
Tirante el Blanco
Adaptación de Ismael Torres
Ilustraciones de Jesús Gabán

43. Colin McNaughton
Jolly Roger
Ilustraciones de C. McNaughton

44. Maria Angelidou
Mitos griegos
Ilustraciones de Svetlin

45. Carlo Collodi
Pinocho
Adaptación de Agustín Sánchez
Ilustraciones de Robert Ingpen

46. Charles Dickens
Historia de dos ciudades
Adaptación de J. R. Torregrosa
Ilustraciones de Victor Ambrus

47. J. M. Barrie
Peter Pan
Adaptación de Agustín Sánchez
Ilustraciones de Robert Ingpen

47. Robert L. Stevenson
La isla del tesoro
Adaptación de Francisco Antón
Ilustraciones de Robert Ingpen